1 〈地理〉 世界と日本のすがた

重要ポイント TOP3

| 陸地：海洋＝3：7 陸地と海洋の面積比。海洋の方が広い。 | 本初子午線 イギリスのロンドンを通る経度0度の経線。 | 排他的経済水域 沿岸国が，水産資源や鉱産資源を管理できる水域。 |

1 世界の地域構成

▲世界の大陸と州区分

(1) 六大陸と三大洋

▶ <u>ユーラシア</u>大陸, アフリカ大陸, 北アメリカ大陸, 南アメリカ大陸, 南極大陸, オーストラリア大陸。

▶ 太平洋, 大西洋, インド洋。陸地：海洋＝約 <u>3</u>：<u>7</u>。

(2) 6 つの州……アジア州, ヨーロッパ州, アフリカ州, 北アメリカ州, 南アメリ州

(3) 世界の国々……約 2[バーコードにより一部不明]）。
　└領土・国民・主権をも

JN022221

(4) 地球上での位置

▶ 緯度（いど）…地球を緯度 0 度[バーコードにより一部不明]に分ける。

▶ 経度…イギリスのロンドンを通る, 経度 0 度の線を<u>本初子午線（ほんしょしごせん）</u>として地球を東経 180 度, 西経 180 度に分ける。
　└ロンドン郊外の旧グリニッジ天文台を通る

(5) 地球儀と地図

▲正距方位図法

▶ 地球儀…陸地の形, 方位などが正確。
　└地球を縮小

▶ 角度が正しい地図（メルカトル図法）。
　高緯度になるほど面積が拡大される┘　└おもに航海図に利用

▶ 中心からの距離（きょり）と方位が正しい地図（正距方位図法（せいきょほういずほう））…中心からの最短距離が直線で表される。面積は不正確。
　└中心以外の 2 地点の距離と方位は正しくない

2 日本の地域構成

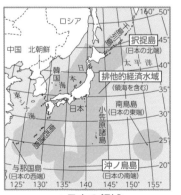

▲日本の領域

(1) 日本の位置……<u>ユーラシア</u>大陸の東。
　└面積約 38 万 km²

(2) 日本の領域……国土の 10 倍以上の排他的経済水域（はいた）をもつ。
　領海の外側で沿岸から 200 海里までの海域┘

(3) 日本の地域区分……1 都 1 道 2 府 43 県。九州（きゅうしゅう）, 中国（ちゅうごく）・四国（しこく）, 近畿（きんき）, 中部（ちゅうぶ）, 関東（かんとう）, 東北（とうほく）, 北海道。
　└北陸・中央高地・東海に分ける場合もある

(4) 標準時と時差……日本の標準時子午線は<u>東経 135 度</u>の経線。本初子午線の通るイギリスとは 9 時間の時差。
　日本の方が時刻が早い┘　　　　　　　└兵庫県明石市を通る

得点アップ

世界のすがたと地域

① 地球のデータ
　周囲…約 4 万 km
　面積…約 5.1 億 km²

② 内陸国と島国（海洋国）…海に面していない国が内陸国, 周囲を海に囲まれた国が島国（海洋国）。

③ 国…世界で最も面積の広い国（2018 年）はロシア, 最も人口の多い国（2020 年）は中国, 最も面積が小さく（2018 年）, 最も人口が少ない国（2020 年）はバチカン市国。

④ 国境…国と国との境界。アフリカ州は直線的な国境が多い→ヨーロッパ諸国の植民地のころ, 緯線や経線を利用して国境が引かれたため。

日本のすがた

① 領域…領域は領土・領海・領空から成立。領海は多くの国が 12 海里（約 22 km）以内。

② 領土をめぐる問題
　ロシアとは北方領土（ほっぽうりょうど）（択捉島（えとろふとう）・国後島（くなしりとう）・色丹島（しこたんとう）・歯舞群島（はぼまいぐんとう））, 韓国（かんこく）とは竹島（たけしま）で領土問題がおきている。中国は尖閣諸島（せんかくしょとう）の領有権を主張している。

③ 時差の計算…経度 15 度ごとに 1 時間の時差が発生するので,（2 地点間の経度差）÷15（度）＝時差。

サクッと練習

1 右の地図を見て，次の問いに答えなさい。

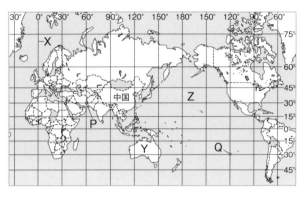

(1) 地図中の X は，イギリスのロンドンを通る経度 0 度の経線です。この経線を何といいますか。答えなさい。［　　　　　　　　　］

(2) 地図中に示した Y の大陸名と，Z の海洋名を，それぞれ答えなさい。

Y ［　　　　　　　　　］大陸

Z ［　　　　　　　　　］

(3) 世界を 6 つの州に分けたとき，地図中に示した中国と Y の大陸がそれぞれ属する州名を答えなさい。　　中国［　　　　　　　］州　　Y ［　　　　　　　］州

(4) 地図中の P 地点と Q 地点の位置を緯度と経度を用いて，それぞれ表しなさい。

P 地点 ［　　　　　　　　　　　］　　Q 地点 ［　　　　　　　　　　　］

✏️🗒 (5) 地図中の░░░で示した 3 国の共通点は何ですか。「海」の語句を用いて，簡単に答えなさい。［　　　　　　　　　　　　　　　　　　　　　　　　　　　　　　　］

2 次の問いに答えなさい。

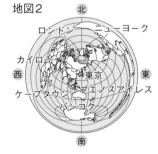

(1) 地図 1 中の░░░は，日本の緯度・経度の範囲を示しています。░░░にふくまれる国を次から 1 つ選び，記号で答えなさい。　　［　　　　　］

ア　ドイツ　　イ　ブラジル

ウ　インド　　エ　エチオピア

(2) 日本の南北の端の島名を，それぞれ答えなさい。

南端 ［　　　　　　　］　　北端 ［　　　　　　　］

📖 (3) 日本が 1 月 1 日午前 8 時のとき，地図 1 中のロンドンは何月何日何時ですか。［　　月　　　日　　　時］

⚠️ (4) 東京の北西に位置する都市と東京から最も遠い都市を地図 1・2 中の都市からそれぞれ選びなさい。

北西 ［　　　　　　　］　　最遠 ［　　　　　　　］

⬇ 下の ⚠️ を見よう！

⚠️ 正確な距離や方角は，正距方位図法の地図を見ればわかる。

2 〈地理〉 世界の人々の生活と環境

重要ポイント TOP3

タイガ
冷帯（亜寒帯）の地域に広がる針葉樹林。

イヌイット
カナダ北部に住む民族。狩猟で生活していた。

メッカ
サウジアラビアにある，イスラム教の最大の聖地。

1 世界の人々のくらし

(1) **熱帯のくらし**……年中高温多雨。熱帯雨林やさんご礁，高床住居。**熱帯雨林**気候，雨季と乾季がある**サバナ**気候。
　　↑赤道近く。スコール（激しいにわか雨）がある

(2) **乾燥帯のくらし**……雨が少ない**砂漠気候**，短い草の生える**ステップ気候**。遊牧や，**オアシス**での農業。日干しれんがの住居。
　　↑地下水がわき出る場所

(3) **温帯のくらし**……一年で気温や降水量の変化が多い**温暖湿潤気候**，一年中平均して降水量がある**西岸海洋性気候**，夏に乾燥して冬に降水量が多い**地中海性気候**。

(4) **冷帯（亜寒帯）のくらし**……冬は氷点下。**タイガ**が広がる。
　　↑北半球にしか見られない気候帯　　↑松やもみなどの針葉樹林

(5) **寒帯のくらし**……一年のほとんどが氷点下の**氷雪気候**，夏のみ氷が解け，わずかに草が生える**ツンドラ気候**。カナダ北部では，かつて**イヌイット**が狩りを行って生活。

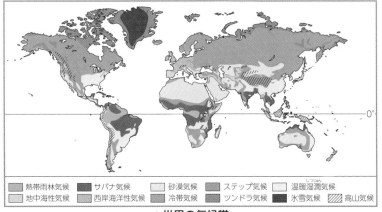

熱帯雨林気候　サバナ気候　砂漠気候　ステップ気候　温暖湿潤気候
地中海性気候　西岸海洋性気候　冷帯気候　ツンドラ気候　氷雪気候　高山気候

▲世界の気候帯

2 世界の宗教とくらし

(1) **三大宗教**……**キリスト教**（カトリック・プロテスタント・正教会に分類。日曜日に教会で礼拝），**イスラム教**（ムハンマドが開く。教典はコーラン。聖地**メッカ**へ祈り。女性は髪や手足などを隠したチャドルを着用。豚肉や酒の禁止），**仏教**（シャカが開く。寺院で祈り）。
　　↑ヨーロッパや南北アメリカなどで信仰
　　↑西・東南アジアや北アフリカなどで信仰
　　↑東・東南アジアなどで信仰

(2) **民族宗教**……**ヒンドゥー教**，ユダヤ教など
　　↑インドなどで信仰

得点アップ

世界の人々のくらし

① **熱帯の高床住居**…高温多雨のため，床を高くすることで風通しをよくし，湿気を防ぐ。

② **乾燥帯の住居**…雨が少なく森林がほとんど育たない。日干しれんがでつくられている。また，熱風や砂を防ぐために，窓が小さくなっている住居が見られる。

③ **永久凍土の上の高床住居**…住居の熱が永久凍土に伝わり，凍土が解けて建物が傾かないように高床につくられている。

④ **高山気候のくらし**
　アンデス山脈の地域では，同じ緯度の標高が低い地域よりも気温が低く，一年を通して気温の変化が少ない。とうもろこしやじゃがいもを栽培しているが，標高 4,000 m 付近では作物が育たないので，アルパカやリャマを放牧している。

世界の宗教とくらし

★ **ヒンドゥー教**…ガンジス川を聖なる川とし，沐浴を行い，身体を清める。牛を神の使いと考えるため，牛肉を食べない。

サクッと練習

1 右の地図を見て，次の問いに答えなさい。

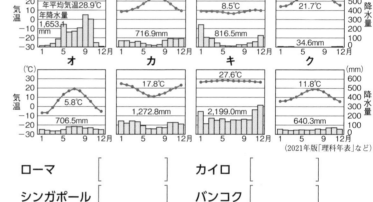

(1) タイガが広がる地域を，地図中のA〜Eから1つ選び，記号で答えなさい。

[　　　　　　]

(2) 右の雨温図は，地図中のいずれかの都市のものです。それぞれの都市にあてはまるものを，1つ選び，記号で答えなさい。

ラパス [　　　　　　]

ブエノスアイレス

[　　　　　　]

ロンドン [　　　] ローマ [　　　] カイロ [　　　]

モスクワ [　　　] シンガポール [　　　] バンコク [　　　]

ア 年平均気温28.9℃ 年降水量1,653mm

イ 15.6℃ 716.9mm

ウ 8.5℃ 816.5mm

エ 21.7℃ 34.6mm

オ 5.8℃ 706.5mm

カ 17.8℃ 1,272.8mm

キ 27.6℃ 2,199.0mm

ク 11.8℃ 640.3mm

(2021年版「理科年表」など)

(3) 右の図は，マレーシアで見られる伝統的な住居です。この住居の特色を，この地域の気候と関連づけて，簡単に答えなさい。

[　　　　　　　　　　　　　　　　　　]

2 右の地図に示したX〜Zは，三大宗教がおもに信仰されている地域を表したものです。それぞれの宗教名を答えなさい。

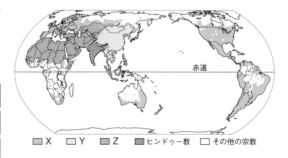

■X □Y ■Z ▨ヒンドゥー教 □その他の宗教

X [　　　　　　　　　]

Y [　　　　　　　　　]

Z [　　　　　　　　　]

 タイガとは針葉樹林のことで，冷帯(亜寒帯)に広がる。

3 〈地理〉

世界の諸地域 ①

[　　月　　日]

重要ポイント TOP3

経済特区	プランテーション	OPEC
中国沿岸部にある外国企業を受け入れやすくした地域。	欧米諸国が,植民地支配した地域につくった大農園。	石油産出国が結成した,価格などを決定する組織。

1 東アジア

▲東アジアの地形

(1) 中華人民共和国(中国)……人口 約14億人(2020年)の9割が漢民族(族)。北部は畑作,南部は稲作。西部は牧畜。農業や工業の生産は,国の計画で行われていたがのび悩む。その後,経済特区や郷鎮企業により工業生産がのびる。環境問題や,内陸部と沿岸部の経済格差が深刻。
〔「世界の工場」と呼ばれる〕

(2) 大韓民国(韓国)……工業化が進み,アジア NIES の1つ。
〔韓国・台湾・ホンコン(香港)・シンガポール〕

2 東南アジア

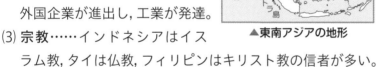
▲東南アジアの地形

(1) 農業……米の二期作や,プランテーションでの農業。
〔大農園〕

(2) 鉱工業……労働力が安いので外国企業が進出し,工業が発達。

(3) 宗教……インドネシアはイスラム教,タイは仏教,フィリピンはキリスト教の信者が多い。

(4) 結びつき……東南アジア諸国連合(ASEAN)を結成。

(5) その他……シンガポールなどで華人が活躍。
〔中国系の人々〕〔活躍〕

3 南アジア・西アジア

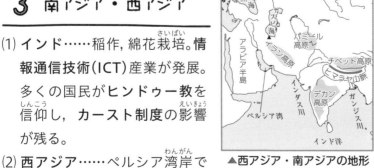
▲西アジア・南アジアの地形

(1) インド……稲作,綿花栽培。情報通信技術(ICT)産業が発展。多くの国民がヒンドゥー教を信仰し,カースト制度の影響が残る。

(2) 西アジア……ペルシア湾岸で石油を産出。石油輸出国機構(OPEC)を結成。
〔オペック〕

得点アップ

東アジア

① アジアの気候…季節風(モンスーン)の影響を受ける。

② 中国の農業地域

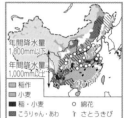

③ 一人っ子政策…中国で行われていた,人口増加を抑制するために,1夫婦の子どもを1人とした政策。2016年に見直され2人まで可能に。

④ 経済特区…シェンチェン,チューハイ,スワトウ,アモイ,ハイナン島は,外国の資本や技術を導入するために外国企業を受け入れる地域。外国企業は,税金などの面で優遇される。

⑤ 郷鎮企業…市町村や個人が経営する中小企業。

南アジア・西アジア

★ インドの農業地域

サクッと練習

目標時間 10 分

[　　]分

1 右の地図1・2を見て，次の問いに答えなさい。

地図1

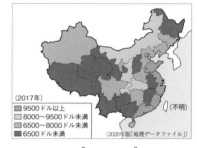

(1) 右の地図1中に示したXの河川名とYの高原名を，それぞれ答えなさい。

X [　　　　　　]　　Y [　　　　　　]

(2) 地図1中に示した，中国北部の東北や華北でおもに栽培される農作物と，華中や華南でおもに栽培される農作物を，次からそれぞれ2つ選びなさい。

米　　とうもろこし　　小麦　　茶

東北・華北 [　　　　　　]　　**華中・華南** [　　　　　　]

(3) 右の地図2は，中国の地域別の1人あたりの国内総生産(GDP)を示しています。地図2を参考に経済格差を「内陸部」「沿岸部」の2つの語句を用いて，簡単に答えなさい。

[　　　　　　　　　　　　　　　　]

地図2

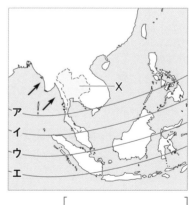

(2017年)
■ 9500ドル以上
■ 8000〜9500ドル未満
■ 6500〜8000ドル未満
■ 6500ドル未満

(不明)

(2020年版「地理データファイル」)

(4) 中国について，次の問いに答えなさい。

①中国の人口の約90%を占める民族の名前を，漢字1字で答えなさい。

[　　　　　] 民族(族)

②シェンチェンなどの沿岸部に設けられた，海外の資本や技術を導入するために外国企業を受け入れる5つの地域を何といいますか。 [　　　　　　]

2 右の地図を見て，次の問いに答えなさい。

(1) 地図中に示したア〜エの緯線から赤道を1つ選び，記号で答えなさい。 [　　　　　]

(2) 地図中の矢印は，アジアの気候に大きな影響を与えている風です。この風の名称を答えなさい。

[　　　　　　]

(3) 地図中のXの国でおもに信仰されている宗教を答えなさい。 [　　　　　　]

(4) 東南アジア10か国で構成される，東南アジア諸国連合の略称をアルファベットで答えなさい。

[　　　　　　]

北部は降水量が少なく，南部は降水量が多い。

4 〈地理〉 世界の諸地域 ②

偏西風	ユーロ	モノカルチャー経済
北大西洋海流とともに，気候に大きく影響する。	EUに加盟している多くの国々で流通する共通通貨。	特定の農産物や鉱産資源の生産や輸出に頼る経済。

1 ヨーロッパ州

(1) 地形……北部に**フィヨルド**，中央部に**ライン川**など，南部に**アルプス**山脈。
　↳スカンディナビア半島の北西岸などで見られる

(2) 気候……北部は寒帯，中央部は**偏西風**と暖流の**北大西洋海流**の影響で西岸海洋性気候，南部は地中海性気候。
　↳ロンドン，パリなど
　↳ローマなど

(3) 文化……北部や北西部は**ゲルマン民族**，プロテスタント。南部は**ラテン民族**，カトリック。東部は**スラブ民族**，正教会。
　↳イギリス，ドイツなど
　↳フランス，イタリア，スペインなど
　↳ロシアなど

(4) 地域統合……**ヨーロッパ連合(EU)**結成。加盟国27か国，共通通貨**ユーロ**を導入。
　↳2021年3月現在

(5) 農業……北部やアルプス山脈は**酪農**，北西部や東部で**混合農業**，地中海沿岸で**地中海式農業**。
　↳らくのう

(6) 鉱工業……かつてドイツのルール地方で発展。現在は大都市近郊で**ハイテク(先端技術)**産業も成長。北海に油田。
　↳きんこう　↳せんたん　↳石炭，鉄鉱石とライン川の水運を利用
　↳フランスのトゥールーズは，航空機製造の一大拠点

▲ヨーロッパの地形

▲ヨーロッパの農業

2 アフリカ州

(1) 地形……**サハラ砂漠**が広がる。
　↳南部に砂漠化地域のサヘル

(2) 気候……赤道付近は熱帯，南北に乾燥帯，温帯。
　↳かんそう

(3) 歴史……**奴隷**としてアメリカへ。**植民地**支配を受ける。
　↳どれい
　↳緯線・経線を利用した国境が残る

(4) 地域統合……**AU**を結成。
　↳アフリカ連合

(5) 農業……**プランテーション**農業，遊牧など。

(6) 鉱工業……金や希少金属(**レアメタル**)が多い。
　↳コバルト，クロムなど　↳乾燥帯
　↳ダイヤモンドも多い

(7) その他……**モノカルチャー**経済の国が多い。

▲アフリカの地形

得点アップ

ヨーロッパ州

① **ヨーロッパ連合(EU)**
　1967年にヨーロッパ共同体(EC)が6か国で発足し，1993年に12か国がEUを結成。本部はベルギーの首都ブリュッセル。課題点は加盟国間での経済格差。2020年にイギリスが離脱した。

② **農業の特色**…混合農業は小麦などの穀物栽培と牛や豚などの飼育を組み合わせた農業。**地中海式農業**は乾燥する夏はオレンジやオリーブ，ぶどうなどを，比較的温暖で降水量の多い冬は小麦を栽培する。
　↳さいばい　↳ぶた　↳ひかくてき

③ **ロシアの特徴**…**ウラル山脈**はヨーロッパ州とアジア州の境目。冷帯の地域には広大な針葉樹林(**タイガ**)が分布。黒土地帯で小麦栽培。石油・天然ガスをパイプラインでEU諸国へ輸出。
　↳さかいめ　↳しんようじゅりん

アフリカ州

★ **南アフリカ共和国**
　かつては**アパルトヘイト(人種隔離政策)**を実施。現在は工業が発展し，近年急速に経済が成長しているBRICS(Brazil, Russia, India, China, South Africa)の1つ。
　↳かくり　↳せいさく　↳ブリックス

サクッと練習

目標時間 10 分

　　　分

1 右の地図を見て，次の問いに答えなさい。

(1) 地図中に示したXの山脈名と，Yの河川名を，それぞれ答えなさい。

X [　　　　　　　　　　　　]

Y [　　　　　　　　　　　　]

(2) 地図中に示したZは，ヨーロッパの気候に影響する風です。この風の名前を答えなさい。

[　　　　　　　　　　　　]

(3) 地図中のフランスについて，次の問いに答えなさい。

①この国で，おもに信仰されているキリスト教の宗派を答えなさい。

[　　　　　　　　　　　　]

②この国で行われている混合農業は，どのような農業ですか。簡単に答えなさい。

[　　　　　　　　　　　　　　　　　　　　　　　　　]

(4) ヨーロッパ連合（EU）について述べた文として正しいものを次から1つ選び，記号で答えなさい。

[　　　]

ア ロシアが加盟している。

イ 本部はパリに置かれている。

ウ ユーロは全加盟国で流通している。

エ 加盟国間で関税はかからない。

2 右の地図を見て，次の問いに答えなさい。

(1) 地図中に示した**ア〜ウ**の緯線から赤道を1つ選び，記号で答えなさい。

[　　　]

(2) 地図中のナイジェリアは，右のグラフのように，2018年の輸出品の約80％が原油です。このように特定の資源の生産や輸出に頼る経済を何といいますか。

[　　　　　　　　　]

液化石油ガス0.5

石油ガス0.8

船舶2.4

液化天然
ガス 9.9

その他
4.1

輸出
624億
ドル

原油
82.3%

(2018年)
(2021年版「データブック オブ・
ザ・ワールド」)

ア

イ

ナイジェリア

ウ

南アフリカ共和国

(3) 地図中の南アフリカ共和国で行われていた，人種隔離政策を何といいますか，カタカナで答えなさい。

[　　　　　　　　　　　　]

プロテスタント，カトリック，正教会のいずれかである。

5 世界の諸地域 ③

重要ポイント TOP3

適地適作	多国籍企業	シリコンバレー
気候や土壌などの自然環境に適したものを栽培する。	複数の国で生産や販売などの事業を行う巨大企業。	サンフランシスコ郊外の工業地域の名称。

1 北アメリカ州

(1) **地形**……西部に**ロッキー**
東部にアパラチア山脈
山脈。中央部に**グレート**
プレーンズや**プレーリー**。

(2) **歴史**……先住民の地に, 白
どれい
人移民や黒人奴隷が移住。

(3) **アメリカ合衆国の農業**
きぎょう 大規模
適地適作, 企業的な農業。
その土地の環境に合わせて農作物を栽培する

(4) **アメリカ合衆国の工業**……**サンベルト**で工業発展。**シリコ**
サンフランシスコ郊外　　　　　　　北緯37度以南の地域
ンバレーで**ハイテク(先端技術)**産業が盛ん。**多国籍企業**も
せんたん　　　　　さか　　　たこくせき
多い。

(5) **くらし**……**ヒスパニック**の増加。新たな貿易協定の **USMCA**。
メキシコなどスペイン語圏からの移民　　米国・メキシコ・カナダ協定

▲北アメリカの地形

2 南アメリカ州

(1) **地形**……**アンデス**山脈, **アマゾン**川。

(2) **歴史**……**ポルトガル**や**スペイン**に
ブラジルのみポルトガル語が公用語
よる植民地支配。黒人奴隷を連行。

(3) **産業**……**焼畑農業**, **プランテーシ**
やきはた　　　　　　近年環境問題に
ョン農業。**鉄鉱石, 石油, 銅**など。
コーヒー豆の栽培など　ベネズエラ　　　チリ
ブラジル　　　　ヨーロッパの人と先住民の間の子孫

(4) **文化**……混血の**メスチソ**が多い。

▲南アメリカの地形

3 オセアニア州

(1) **地形**……**さんご礁**。
さんごの骨や生物の死がいでできる
(2) **オーストラリア**……先
ニュージーランドの先住民はマオリ
住民の**アボリジニ**の土
地をイギリスが植民地
化。その後, **白豪主義**
はくごう
ヨーロッパ系以外の移民を制限
をとった。牧羊, 牧牛が盛ん。石炭や鉄鉱石が豊富。**多**
文化社会であり, 現在ではアジアとの結びつきが強い。

▲オセアニア

得点アップ

北アメリカ州

① **アメリカ合衆国の農業地域**

年降水量 500mm

■春小麦	■冬小麦
□とうもろこし・大豆	□酪農
□放牧など	■地中海式農業
■園芸農業	□綿花
	□その他

西経100度を境に降水量に差があり, 農業にも影響している。最近では, バイオテクノロジーを利用した農業も行われている。

② **アメリカ合衆国の工業**…ピッツバーグはかつて鉄鋼業, デトロイトはかつて自動車工業が盛んであった。ヒューストンは石油化学工業・航空宇宙産業, ロサンゼルスは石油化学工業・航空宇宙産業が盛ん。

③ **米国・メキシコ・カナダ協定(USMCA)**
2020年に北米自由貿易協定(NAFTA)
ナフタ
にかわる貿易協定としてアメリカ合衆国, カナダ, メキシコの3か国で結ばれた。

オセアニア州

★ **オセアニア**…ミクロネシア, メラネシア, ポリネシアとオーストラリア大陸からなる。

サクッと練習

目標時間 10 分

　　　分

 1 右の地図を見て，次の問いに答えなさい。

 (1) 地図中の　　　　　で示した地域で行われている農業を次から1つ選び，記号で答えなさい。

[　　　]

　　ア　酪農（らくのう）　　イ　小麦栽培（さいばい）
　　ウ　放牧　　エ　綿花栽培

(2) 地図中のXは，サンフランシスコ郊外（こうがい）の先端（せんたん）技術産業が盛（さか）んな地域で，Yの緯線（いしょう）より南の地域は工業が盛んな地域です。それぞれの地域の名称（めいしょう）を答えなさい。

X [　　　　　　　　　　]　　Y以南 [　　　　　　　]

(3) 地図中のPは，石油化学工業や航空機産業が盛んな都市です。この都市名を次から1つ選び，記号で答えなさい。[　　　]

　　ア　ヒューストン　　イ　ニューヨーク　　ウ　デトロイト　　エ　ピッツバーグ

(4) アメリカ合衆国の農業の特色である「適地適作」とは何ですか。簡単に答えなさい。

[　　　　　　　　　　　　　　　　　　　　　　　　　　　　　　　]

 2 右の地図を見て，次の問いに答えなさい。

(1) 地図中に示したア～エから赤道を1つ選び，記号で答えなさい。

[　　　]

(2) 地図中に示したXの山脈名とYの河川名を，それぞれ答えなさい。　X [　　　　　　]　　Y [　　　　　]

(3) 地図中のブラジルの公用語と，栽培が盛んな農作物を，次からそれぞれ1つ選び，記号で答えなさい。

公用語 [　　　]　　農作物 [　　　]

　　ア　ポルトガル語　　イ　スペイン語　　ウ　米　　エ　コーヒー豆

 3 オセアニア州について，次の問いに答えなさい。

(1) オーストラリアの先住民を何といいますか。[　　　　　　　]

(2) オーストラリアをかつて植民地支配していた国は，どこですか。[　　　　]

(3) オーストラリアで実施（じっし）されていた，白人以外の移民を制限した政策を何といいますか。[　　　　　　　]

 工業都市の位置と中心産業は確認しておくことが重要。

6 地域の調査，日本の地域的特色 ①

重要ポイント TOP3

環太平洋造山帯	季節風(モンスーン)	ハザードマップ(防災マップ)
日本をふくむ太平洋を取り囲む造山帯。	夏は海洋から大陸へ，冬は大陸から海洋へ吹く風。	地震・津波や火山噴火など各種災害の被害予測図。

1 地域の調査

(1) 地形図……国土地理院が発行。

線の種類	縮尺	2万5千分の1	5万分の1
計曲線	〜	50mごと	100mごと
主曲線	〜	10m	20m

(2) 地形図の基本……方位は指定がなければ上が北を示す。「実際の距離＝地形図上の長さ×縮尺の分母」で求める。

(3) 地域調査の手順……調査テーマの決定→調査計画書の作成→野外調査(フィールドワーク)を行う場合，ルートマップ〔調査項目と調査を考える〕などを事前作成→調査活動→調査結果のまとめ→発表。〔文章や各種地図，グラフにまとめる〕

2 日本の自然

(1) 世界の自然……**環太平洋造山帯**とアルプス・ヒマラヤ造山帯がある。〔日本列島がふくまれる〕

(2) 日本の自然……環太平洋造山帯に属する。**フォッサマグナ**で東北日本と西南日本に区分。〔静岡市と新潟県糸魚川市を結ぶ線を西縁とする断層〕河川で**扇状地**や**三角州**を形成。〔日本の河川は外国の河川より短く流れが急〕

(3) 日本の気候……大部分は**温帯**，季節風の影響を受ける。〔モンスーンともいう。夏は南東から吹き，冬は北西から吹く〕

(4) 日本の自然災害と防災……地震や津波，火山の噴火などが多い。市区町村が**ハザードマップ(防災マップ)**を作成。

北海道の気候
南西諸島の気候
日本海側の気候
太平洋側の気候
中央高地の気候
瀬戸内の気候

▲日本の気候区分

3 日本の人口

(1) 世界の人口……約78億人(2020年)。**人口爆発**。

(2) 日本の人口……約1.3億人(2020年)。**少子高齢社会**。〔人口減少〕

アメリカ合衆国 (2018年)
(歳)100 80 60 40 20 0　男　女　8 6 4 2 0 2 4 6 8 %

日本 富士山型 (1935年)
男　女　8 6 4 2 0 2 4 6 8 %

つりがね型 (1960年)
男　女　8 6 4 2 0 2 4 6 8 %

つぼ型 (2019年)
(歳)100 80 60 40 20 0　男　女　8 6 4 2 0 2 4 6 8 %

(2020/21年版「日本国勢図会」など)

▲アメリカ合衆国の人口ピラミッドと，日本の人口ピラミッドの推移

得点アップ

地域の調査

★ 地図記号

◎	市役所 東京都の区役所
○	町・村役場 政令指定都市の区役所
⊗	警察署
Ｙ	消防署
🏛	博物館・美術館
〒	神社
卍	寺院
⊞	図書館
〒	郵便局
☆	工場
⚙	発電所・変電所
⌂	老人ホーム
⊞	病院
‖	田
∨	畑・牧草地
○	果樹園
Ｑ	広葉樹林
∧	針葉樹林

世界と日本の自然

① **日本の地形**…暖流の対馬海流と**黒潮**(日本海流)，寒流のリマン海流と**親潮**(千島海流)が周囲を流れる。**日本アルプス**は飛騨山脈・木曽山脈・赤石山脈。

② **扇状地と三角州**…扇状地は川が山間部から平野や盆地に出た場所に土砂が積もってできた地形。三角州は，川が海や湖に流れこむ場所に細かい土砂が積もってできた地形。

サクッと練習

1 次の問いに答えなさい。

(1) 2万5千分の1の地形図上での4cmは実際には何kmですか。　　[　　　　]km

(2) 地図記号と意味の組み合わせとして正しいものを次から1つ選び、記号で答えなさい。

ア ⊗　イ ∧　ウ ‖　エ ☼
小・中学校　広葉樹林　茶畑　工場

[　　　　]

(3) 右の地図は、地形図の決まりにしたがっている。この地図の縮尺を答え、地図のA-Bの断面図を次から1つ選び、記号で答えなさい。

地図の縮尺 [　　　　]　　記号 [　　　]

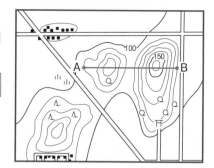

ア　イ　ウ　エ
A　B A　B A　B A　B

2 次の問いに答えなさい。

(1) 地図中の都市の雨温図をそれぞれ右から1つ選び、記号で答えなさい。

札幌市　金沢市　岡山市　松本市

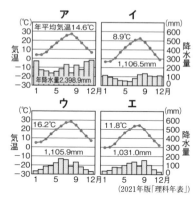

(2021年版「理科年表」)

札幌市 [　　　　]
かなざわ
金沢市 [　　　　]
まつもと
松本市 [　　　　]
おかやま
岡山市 [　　　　]

(2) 扇状地とはどのような地形ですか、簡単に答えなさい。

[　　　　　　　　　　　　　　　　　　　　　　　　　　　　　　　　　　　　]

3 右の人口ピラミッドは、日本の1935年、1960年、2019年のいずれかのものです。年代の古い順に並べかえ、記号で答えなさい。

[　　　　]→[　　　　]→[　　　　]

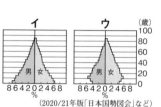

(2020/21年版「日本国勢図会」など)

松本市と岡山市は、冬の気温で区別する。

重要ポイント TOP3

再生可能エネルギー	太平洋ベルト	産業の空洞化
自然の力を使ってくり返し利用できるエネルギー。	関東から九州北部にかけて広がる臨海型の工業地域。	企業の工場が外国へ移転し、国内の産業が衰えること。

〈地理〉 7 日本の地域的特色 ②

1 日本の資源・エネルギー・産業

(1) 世界の資源・エネルギー……石炭・石油・鉄鉱石などを
鉱産資源と呼ぶ。レアメタルは分布地域が限定。
＾希少金属ともいう　＾アフリカなど

(2) 日本の資源・エネルギー

日本は資源を輸入。発電
は、水力発電、火力発電、原
＾山間部にダム　＾臨海部に発電所が集中
子力発電など。再生可能
＾東日本大震災より再考
エネルギーの開発が進む。
＾持続可能な社会の実現を目ざす

(3) 日本の農業……稲作中心。
近郊農業や促成栽培、抑制
＾大都市周辺　＾いなさく　＾そくせいさいばい　＾よくせい
栽培も盛ん。
＾さか

(4) 日本の漁業

とる漁業から
育てる漁業。養殖
＾ようしょく
漁業や栽培漁業。

(5) 日本の工業

太平洋ベルト
＾臨海型の工業地域　＾たこくせき
が中心。多国籍
企業が増える。
＾きぎょう

(6) 日本の産業……商業やサービス業の割合が高い。
＾第三次産業＾

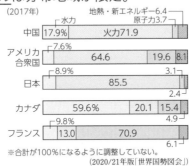

(2017年)

	水力	火力	原子力3.7	地熱・新エネルギー6.4
中国	17.9%	火力71.9		
アメリカ合衆国	7.6%	64.6	19.6	8.1
日本	8.9%	85.5		3.1 / 2.4
カナダ	59.6%	20.1	15.4	4.9
フランス	9.8% / 13.0	70.9		6.1

※合計が100%になるように調整していない。
(2020/21年版「世界国勢図会」)

▲おもな国の発電量の割合

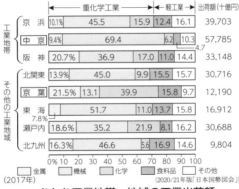

		重化学工業		軽工業	出荷額(十億円)
工業地帯	京浜	10.1% 45.5	15.9	12.4 16.1	39,703
	中京	9.4% 69.4	6.2	10.3 4.7	57,785
	阪神	20.7% 36.9	17.0	11.0 14.4	33,148
その他の工業地域	北関東	13.9% 45.0	9.9	15.5 15.7	30,716
	京葉	21.5% 13.1	39.9	15.8 9.7	12,190
	東海	51.7	11.0	13.7 15.8 7.8%	16,912
	瀬戸内	18.6% 35.2	21.9	8.1 16.2	30,688
	北九州	16.3% 46.6	5.6	16.9 14.6	9,804

0% 10 20 30 40 50 60 70 80 90 100

金属 ／ 機械 ／ 化学 ／ 食料品 ／ その他

(2017年)　(2020/21年版「日本国勢図会」)

▲おもな工業地帯・地域の工業出荷額

2 日本の交通・通信・貿易

(1) 日本の交通

新幹線、高
速道路の整備。

(2) 日本の通信

通信衛星
や海底ケー

ブルの設置。インターネットの普及。→情報格差が生じる。
＾ふきゅう　＾デジタルデバイドとも呼ばれる

(3) 日本の貿易の変化……加工貿易→貿易摩擦の発生→貿易摩
＾原料や燃料を輸入し、製品を輸出する　＾まさつ
擦解消のためや安い労働力を求めて海外へ→産業の空洞化。
＾日本の貿易黒字による　＾くうどうか

貨物輸送
(1965年度＝1,863億トンキロ)
(2018年度＝4,115億トンキロ)

1965年度：航空0.2／鉄道4.7％／内航海運43.3／自動車26.0

2018年度：内航海運43.5／鉄道4.7／自動車51.5

旅客輸送
(1965年度＝ 3,825億人キロ)
(2018年度＝1兆4,558億人キロ)

1965年度：航空0.8／旅客船0.9／自動車31.6／鉄道66.8%

2018年度：航空6.6／鉄道30.3%／自動車63.1

※合計が100%になるように調整していない。
(2020/21年版「日本国勢図会」)

▲国内輸送の割合の変化

得点アップ

日本の資源・エネルギー・産業

① **日本の資源輸入先**
石炭(2019年)はオーストラリアやインドネシアから、原油(2019年)はサウジアラビアやアラブ首長国連邦から、鉄鉱石(2019年)は、オーストラリアやブラジルから多く輸入。

② **農業の種類**…近郊農業は、大都市の近くで、大都市向けの野菜や草花を栽培する農業。促成栽培は、温暖な気候や、ビニールハウスなどを利用し、ほかよりも栽培、出荷時期を早める栽培方法。抑制栽培は、すずしい気候を利用し、ほかよりも栽培、出荷時期を遅らせる栽培方法。
＾しゅっか　＾おく

③ **産業の分類**…第一次産業は、農林水産業。第二次産業は、製造業、鉱業、建設業。第三次産業は、第一次、第二次産業以外のすべての産業。

日本の交通・通信・貿易

★ **航空輸送と海上輸送**
航空輸送はおもに重量が軽く高価なIC(集積回路)などの電子部品など、海上輸送は自動車などの重い機械類や石油・石炭などを運ぶ。

サクッと練習

1 次の問いに答えなさい。

(1) 右のグラフは，日本の鉱産資源の輸入先を表したものです。A〜Cにあてはまるものを次からそれぞれ1つ選び，記号で答えなさい。

ア 石炭　**イ** 原油
ウ 鉄鉱石

A

A
カナダ 6.2
その他 10.2
ブラジル 26.3
2019年 119,561千t
オーストラリア 57.3%

B
ロシア5.4
その他 11.8
クウェート
サウジアラビア 35.8%
2019年 173,864千kL
8.5
8.8
カタール
アラブ首長国連邦 29.7

C
アメリカ合衆国
その他 8.3
ロシア10.8
7.1
インドネシア 15.1
2019年 186,178千t
オーストラリア 58.7%

(2020/21年版「日本国勢図会」)

A [　　] B [　　] C [　　]

(2) 右のグラフは，おもな国の発電量割合を表したものです。グラフ中のXの国を答えなさい。また，E〜Gの発電方法をそれぞれ答えなさい。

X [　　]
E [　　]
F [　　]
G [　　]

(2017年)

	E	F	G	地熱・新エネルギー6.4
中国	17.9%	71.9	3.7	
アメリカ合衆国	7.6%	64.6	19.6	8.1
日本	8.9%	85.5		3.1
カナダ	59.6%	20.1	15.4	2.4
X	9.8% 13.0	70.9	6.1	4.9

※合計が100％になるように調整していない。(2020/21年版「世界国勢図会」)

(3) 右のグラフは，3つの工業地帯と，千葉県に広がる工業地域のいずれかの工業出荷額の割合を表したものです。P〜Sの名称を，それぞれ答えなさい。

	金属	機械	化学	食料品	その他
P	10.1%	45.5	15.9	12.4	16.1
Q	20.7%	36.9	17.0	11.0	14.4
R	9.4%	69.4	6.2		10.3
S	21.5%	13.1	39.9	15.8	9.7

(2017年)　(2020/21年版「日本国勢図会」)

P [　　]　Q [　　]
R [　　]　S [　　]

(4) 高知平野などで盛んに行われる促成栽培とはどのようなものか，簡単に答えなさい。

[　　]

2 次の問いに答えなさい。

(1) おもに航空輸送で輸送されるものを，次から1つ選び，記号で答えなさい。[　　]

ア 自動車　**イ** 石油　**ウ** IC(集積回路)　**エ** 鉄鉱石

(2) 国内の企業の工場が外国へ移転したため，国内の企業が減り，従業者数も減少する現象を何といいますか。[　　]

Bは，西アジアの国々からの輸入量が多いことに注意する。

日本の諸地域 ①

1 九州地方（きゅうしゅう）

(1) 地形……<u>カルデラ</u>をもつ阿
蘇山（あそさん）。南部は<u>シラス台地</u>。
　↳火山活動で生じたくぼ地（あ）

(2) 気候……台風や梅雨（つゆ）の影響（えいきょう）。

(3) 農牧業……筑紫平野（つくし）で稲作（いなさく）。
宮崎平野でピーマンなどの
<u>促成栽培</u>（そくせいさいばい）。シラス台地では
　↳クリーク（水路）が広がる
畑作や畜産業（ちくさん）。

(4) 工業……鉄鋼業が栄え，北
　　↳明治時代に八幡製鉄所がつくられた
九州工業地域が発展。1960 年代以降は**エネルギー革命**に
より衰え（おとろ），その後 IC（集積回路）や自動車の工場が増える。
　　　↳九州はシリコンアイランドと呼ばれる

(5) 公害……**水俣病**（みなまた）の発生→その後，水俣市は**環境モデル都市**（かんきょう）。

(6) 沖縄県……在日米軍施設面積の約 70％が集中。さんご礁。
　↳第三次産業（特に観光業）が盛ん

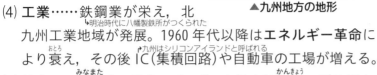

▲九州地方の地形

2 中国・四国地方（ちゅうごく・しこく）

(1) 地形……中国山地，四国山地。

(2) 気候……山陰（さんいん）は冬に雪。
瀬戸内（せとうち）は少雨で<u>ため池</u>が
多い。南四国は夏に多雨。

(3) 農業……高知平野で**促成栽培**。愛媛県のみかん栽培。
　　　　　　　　　　　↳石油化学コンビナートが多い

(4) 工業……石油化学工業が盛んな**瀬戸内工業地域**。
人口が集中する広島市は地方中枢都市として発展↲

(5) その他……山間部で**過疎化**。**本州四国連絡橋**（れんらくきょう）が完成。

▲中国・四国地方の農業

3 近畿地方（きんき）

(1) 地形……<u>リアス海岸</u>がある。
　　　↳若狭湾や志摩半島

(2) 気候……紀伊山地は多雨。

(3) 農業……みかん栽培や**近郊農業**（きんこう）。

(4) 工業……**阪神工業地帯**。
　　　　↳和歌山　↳中小工場が多い

(5) 歴史……古都（こと）が存在，世界遺
平城京（奈良）・平安京（京都）↲　　↳江戸時代に商業都市として発展
産多数。大阪は<u>天下の台所</u>（しょ）。

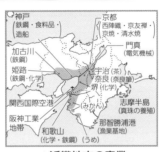

▲近畿地方の産業

得点アップ

九州地方

① **エネルギー革命**
　1960 年代に，エネルギー源が石炭から石油へ転換（てんかん）したこと。

② **水俣病（熊本県）**…四大公害病の１つで，水質汚濁（おだく）が原因となっておこった。そのほかの四大公害病は，イタイイタイ病（富山県・水質汚濁が原因），四日市ぜんそく（三重県・大気汚染（せん）が原因），新潟水俣病（新潟県・水質汚濁が原因）。

中国・四国地方

① **瀬戸内の気候**…冬の北西季節風，夏の南東季節風の影響が小さいため，年間を通して降水量が少ない。

② **中国・四国地方の農業**…鳥取砂丘では，かんがいによるらっきょう（きゅう）などの栽培。愛媛県のみかん。

③ **本州四国連絡橋**…児島―坂出ルート（瀬戸大橋），神戸―鳴門ルート（明石海峡大橋・大鳴門橋），尾道―今治ルート（瀬戸内しまなみ海道）。
島（じま）坂出（さかいで）／戸（と）大橋（おおはし）／神戸（こうべ）鳴（なる）門／明（あかし）海峡（かいきょう）／尾（お）道（みち）今治（いまばり）

近畿地方

★ **関西国際空港**…24 時間離着陸が可能な空港として整備され，1994 年に開港。伊丹（い）空港の騒音（そうおん）問題を解消するのが目的。

サクッと練習

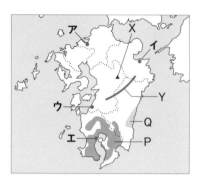

目標時間 10 分
　　　　分

1 右の地図を見て，次の問いに答えなさい。

(1) 世界最大級のカルデラをもつ地図中のXの山と，Yの山地の名称を，それぞれ答えなさい。

X [　　　　　　　　]　　Y [　　　　　　　　]

(2) 地図中のPは，火山灰などが積もってできた台地です。この台地を何といいますか。

[　　　　　　　　　　　]

(3) 地図中のQの平野で盛んな，温暖な気候を生かして野菜の出荷時期を早める栽培方法を答えなさい。

[　　　　　　　　　　　]

(4) 過去に四大公害病の1つが発生したが，現在では環境モデル都市に指定されている都市を，地図中の**ア〜エ**から1つ選び，記号で答えなさい。

[　　　　　　　]

2 次の問いに答えなさい。

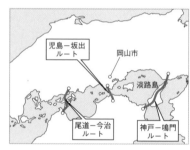

(1) 右の地図中の岡山市の気候の特色を，右下の雨温図を参考にして，その理由もふくめて簡単に答えなさい。

[　　　　　　　　　　　　　　　　　]

(2) 中国山地や四国山地の山間部では，人口の減少により，社会生活を送るのが困難な状態となっています。このような状態を何といいますか。

[　　　　　　　　　　　]

(3) 地図中の児島—坂出ルートで結ばれる県のうち，四国地方の県庁所在都市名を答えなさい。[　　　　　　　　]

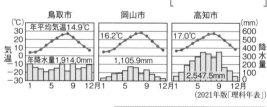

(2021年版「理科年表」)

3 右の地図を見て，次の問いに答えなさい。

(1) 地図中の◯◯◯で示した，谷の部分に海水が入りこんだ，複雑な海岸線をもつ地形を何といいますか。

[　　　　　　　　　　　]

(2) かつて「天下の台所」と呼ばれた都市を，地図中の**ア〜エ**から1つ選び，記号で答えなさい。[　　　　　　]

3つのルートと県名は，それぞれ把握しておくこと。

9 〈地理〉 日本の諸地域 ②

1 中部地方（ちゅうぶ）

(1) 地形……中央部に<u>日本アルプス</u>。北部に日本一長い**信濃川**（しなの），濃尾平野（のうび）に**輪中**（わじゅう）。

(2) 気候……北陸地方（ほくりく）は**豪雪地帯**（ごうせつ）。中央高地は中央高地の気候。東海地方は太平洋側の気候。
↳夏と冬の気温差が大きく降水量が少ない
↳夏の降水量が多く，冬は乾燥

(3) 北陸地方……越後平野などは，米の**単作・早場米**地帯。**銘柄米**（さいばいか）も栽培。加賀友禅（がゆうぜん）や輪島塗（わじまぬり）などの伝統産業。
↳1年に1度，米のみつくる ↳コシヒカリなど

(4) 中央高地……八ケ岳山（やつがたけ）ろくは，キャベツ・レタスなどの**高原野菜**を栽培する**高冷地農業**（ぼんち）。長野盆地のりんご，扇状地（せんじょうち）が広がる甲府盆地（こうふ）でぶどう。諏訪盆地（すわ）などで精密機械工業・電子機械工業が盛ん（さか）。
↳夏でもすずしい気候を利用して，栽培や出荷時期を遅らせる抑制栽培

(5) 東海地方（とうかい）……電照ぎく，**牧ノ原台地**（まきのはら）の茶，静岡県のみかん。焼津港（やいづ）で遠洋漁業。<u>中京工業地帯</u>や東海工業地域など。
↳渥美半島で盛ん ↳日本一の工業出荷額。輸送機械工業が盛ん ↳製紙・パルプ工業が盛ん

▲中部地方の地形

		福岡4.2┐		
ぶどう 17.5万t	山梨 23.9%	長野 17.8	山形岡山 9.2 8.8	その他 36.1

			山形 和歌山	
もも 11.3万t	山梨 34.8%	福島 21.4	長野 11.7 7.16.6	その他 18.4

		長崎5.8 兵庫4.9	
レタス 58.6万t (2018年)	長野 35.7%	茨城 群馬 15.3 7.9	その他 30.4

(2020/21年版「日本国勢図会」)
▲各農産物の生産割合

2 関東地方（かんとう）

(1) 地形……日本最大の<u>関東平野</u>には，赤土の<u>関東ローム</u>。**利根川**（とね）が流れる。
↳流域面積が日本一

(2) 気候……内陸部は**からっ風**（えいきょう）の影響で，夏は高温。
↳冬に吹く北西の乾いた風

(3) 農業……**近郊農業**（ぐんま）が盛ん。群馬県では高冷地農業。
↳嬬恋村のキャベツ

(4) 工業……**京浜工業地帯**（けいひん），北関東工業地域，京葉工業地域（けいよう）。
↳印刷業が多い ↳工業団地が点在し，自動車工業が盛ん ↳石油化学工業が盛ん

(5) その他……都心や副都心は昼間人口が多い。<u>成田国際空港</u>（はねだ），東京国際空港（羽田空港），横浜港（よこはま）などが世界への玄関（げんかん）。

▲関東地方の地形

得点アップ

中部地方

① **輪中**……周囲を堤防（ていぼう）で囲んだ地域。

② **中部地方の工業**……中京工業地帯は，豊田市（とよた）の自動車，東海市の鉄鋼，瀬戸市の陶磁器，四日市市（よっかいち）の石油化学など。東海工業地域は，浜松市（はままつ）のオートバイ，楽器，富士市（ふじ）の製紙・パルプなど。

関東地方

① **成田国際空港**……千葉県にある日本最大の貿易額（2019年）の港。輸出品は半導体等製造装置，科学光学機器，など，輸入品は通信機，医薬品，コンピュータ，ICなど。

② **横浜港**……輸出品は自動車，自動車部品など，輸入品は石油，液化ガスなど。

③ **首都東京**……政治・経済・文化の中心。各国の大使館や，日本企業（きぎょう）の本社，外国企業の支社も多い。東京への一極集中が進み，過密化が問題。

④ **ニュータウン**……1960年代から整備された大規模住宅地。東京の多摩（たま）や大阪の千里・泉北（せんぼく）など。

サクッと練習

目標時間 10 分

　　　分

1 右の地図を見て，次の問いに答えなさい。

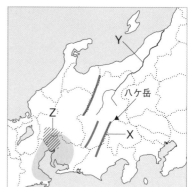

(1) 地図中のXの山脈とYの川の名称を，それぞれ答えなさい。

X [　　　　　　　] Y [　　　　　　　]

(2) 地図中のZでは，周囲を堤防で囲んだ地域が見られます。このような地域を何といいますか。

[　　　　　　　]

(3) 地図中の八ケ岳山ろくでは，高原野菜の抑制栽培が盛んです。この栽培方法はどのようなものか，簡単に答えなさい。

[　　　　　　　　　　　　　　　　　　　　

(4) 右の資料のア～ウは，レタス・ぶどう・もものいずれかの生産割合を表したものです。ぶどうにあてはまるものを1つ選び，記号で答えなさい。

[　　　　　]

					福岡4.2
ア 17.5万t	山梨 23.9%	長野 17.8	山形 9.2	岡山 8.8	その他 36.1

			山形	和歌山	
イ 11.3万t	山梨 34.8%	福島 21.4	長野 11.7	7.1 6.6	その他 18.4

			長崎5.8	兵庫4.9	
ウ 58.6万t	長野 35.7%	茨城 15.3	群馬 7.9		その他 30.4

(2018年)　　(2020/21年版「日本国勢図会」)

(5) 地図中の　　　　の部分は，愛知県を中心とする工業地帯を表しています。この工業地帯の名称を答えなさい。また，この工業地帯にある都市を次から1つ選び，記号で答えなさい。

[　　　　　]工業地帯　都市 [　　　　　]

ア 金沢市　イ 豊田市　ウ 浜松市　エ 甲府市

2 右の地図を見て，次の問いに答えなさい。

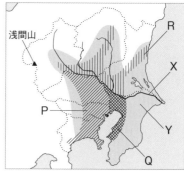

(1) 地図中のXの川とYの平野の名称を，それぞれ答えなさい。

X [　　　　　　　] Y [　　　　　　　]

(2) 地図中の浅間山近くの嬬恋村は，ある農作物の生産が盛んです。この農作物を次から1つ選び，記号で答えなさい。

[　　　　　]

ア ピーマン　イ なし　ウ みかん　エ キャベツ

(3) 地図中のP～Rで表した工業地帯や工業地域の名称を，それぞれ答えなさい。

P [　　　　　　　] Q [　　　　　　　] R [　　　　　　　]

 山間部のため，どのような気候になるのかを考える。

10 〈地理〉 日本の諸地域 ③

1 東北地方

(1) 地形……三陸海岸はリアス海岸。
　　　　　　　↳北東の冷たくしめった風

(2) 気候……夏にやませによる冷害。

(3) 農業……日本の穀倉地帯。米の消
　　　　庄内平野,秋田平野,仙台平野など↳実施
　　　費量減で,減反政策実施→転作進
　　　　　　　　↳2018年に廃止
　　　む。津軽平野のりんご,山形盆地
　　　のさくらんぼ,福島盆地のももなど。

(4) 水産業……潮目(潮境)で漁業が盛ん。
　　　　　　　↳黒潮と親潮がぶつかる

(5) 工業……伝統産業が盛ん。南部鉄
　　　器(盛岡)などの伝統的工芸品。内陸部の交通網(高速道
　　　　　　↳天童の将棋駒,大館の曲げわっぱ,鳴子の漆器など
　　　路・空港・新幹線)を整備し,IC工場→シリコンロード。

(6) その他……東日本大震災の津波と福島第一原子力発電所
　　　　　　　↳2011年
　　　の事故の被害。東北三大祭りが8月上旬に各地で開催。
　　　　　　　　↳青森のねぶた祭,秋田の竿燈まつり,仙台の七夕まつり

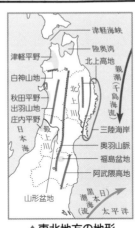

▲東北地方の地形

2 北海道地方

(1) 地形……石狩平野,十勝平野,根釧台地など。

(2) 気候……冷帯(亜寒帯)。夏は太平洋側に濃霧発生。

(3) 農業……石狩平野の稲作,
　　　　　　↳客土で土地改良
　　　十勝平野の輪作による畑
　　　　↳年ごとに異なる作物を栽培
　　　作,根釧台地の酪農。販売農家1戸あたり平均25.4haの広
　　　　　　↳夏でも気温が低い
　　　い耕地面積をもつ(2019年)。農業生産額日本一(2018年)。

(4) 水産業……漁獲量日本一(2018年)。「とる漁業」から
　　　「育てる漁業」へ→200海里排他的経済水域の設定で北洋
　　　　　　　　　　　　↳はいた
　　　漁業が制限され,養殖業・栽培漁業が増加した。

(5) 工業……食料品工業,製紙・パルプ工業が盛ん。

(6) その他……ラムサール条約登録の釧路湿原,世界自然遺
　　　　　　　　　　　　　　　　↳自然を体験しながら自然との関わり方を学ぶ
　　　産登録地の知床など自然が残り,エコツーリズムが発達。
　　　　↳しれとこ　　　　　　　　　　↳観光資源を体験したり学んだりする
　　　また,世界ジオパークの認定や活用がなされている。
　　　　　　　　　　　　↳環境問題や防災学習

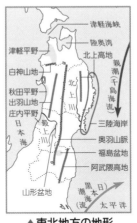

▲北海道の地形

サクッと練習 目標時間 10 分

　　分

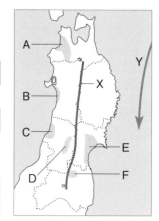

1 次の問いに答えなさい。

(1) 地図中のXの山脈とYの海流の名称を，それぞれ答えなさい。
X [　　　　　　　　　] Y [　　　　　　　　　]

(2) 青森県の八戸から宮城県の牡鹿半島まで続く海岸を何といいますか。
[　　　　　　　　　]

(3) 次の説明にあてはまる地域を，地図中のA～Fからそれぞれ1つ選び，記号で答えなさい。
①りんご栽培が盛んな地域 [　　　　]
②最上川下流で，稲作が盛んな地域 [　　　　]

(4) 東北地方をはじめ，日本各地で米を栽培する面積を減らす減反政策が行われてきました。その理由を，簡単に答えなさい。また，この政策が2018年に廃止された理由も簡単に答えなさい。

政策の理由 [　　　　　　　　　　　　　　　　　　　　　　　　　　]

廃止の理由 [　　　　　　　　　　　　　　　　　　　　　　　　　　]

2 次の問いに答えなさい。

(1) 道庁所在都市の位置を，地図中のア～エから1つ選び，その都市名を答えなさい。
記号 [　　　　] 都市名 [　　　　　　　]

(2) 次の地域を地図中のA～Cからそれぞれ1つ選び，記号で答えなさい。また，その地域名を答えなさい。
①じゃがいも栽培などの畑作が中心の地域。
記号 [　　　　] 地域名 [　　　　　　　]
②火山灰の土地で酪農が盛んな地域。
記号 [　　　　] 地域名 [　　　　　　　]

(3) 2005年に世界自然遺産に登録された，北海道東部のオホーツク海につき出た地図中のXの半島を何といいますか。
[　　　　　　　　　]

(4) 北海道の先住民族と明治時代に北海道を開拓し，警備と農業を行った人々をそれぞれ何といいますか。　先住民族 [　　　　　　] 警備など [　　　　　　]

 農作物の栽培に適さない広大な地域では，酪農を行っている。

11 文明のおこりと日本のあけぼの

重要ポイント TOP3

邪馬台国	**十七条の憲法**	**大化の改新**
女王卑弥呼が治めた国。『魏志』倭人伝が伝える。	聖徳太子（厩戸皇子）が定めた役人の心構え。	中大兄皇子が中臣鎌足らとともに行った政治改革。

1 文明のおこり

(1) 人類の出現……猿人→原人→新人（ホモ・サピエンス）。
　↳現在の人類の直接の祖先
(2) 古代文明……農耕に適した大河流域におこる。
(3) 三大宗教……シャカが仏教，イエスがキリスト教，ムハ
　　　　　　　　　　　　　　　　　　　　↳マホメットともいう
ンマドがイスラム教を開く。
(4) ギリシャ・ローマの文明……ギリシャで都市国家（ポリ
　　　　　　　　　　　　　　　　　　　　　　　↳民主政がうまれる
ス）が成立。ローマは紀元前1世紀に地中海沿岸を支配。
　　　　　　　　↳共和制から帝政に

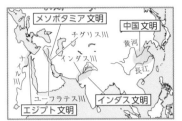

▲古代文明

2 日本の原始時代

(1) 縄文時代……たて穴住居に住む。縄文土器や土偶をつくる。
　　　　　　↳狩猟と採集を行う
(2) 弥生時代……金属器とともに稲作が伝わり，米を高床倉
庫に保管。国々が誕生し，中国へ使いを送る。3世紀に
は卑弥呼の治める邪馬台国が30余りの小国を従える。

3 古墳時代

(1) 大和政権……近畿地方に誕生した
勢力。大王が支配する。
(2) 古墳文化……全国各地で古墳がつ
くられ，渡来人が須恵器や漢字，
　　　↳権力者の墓
仏教などを伝える。

▲大仙古墳（仁徳陵古墳）

4 飛鳥時代

(1) 聖徳太子（厩戸皇子）の改革……推古天皇の摂政として，冠
　　↳6世紀末ごろから政治を行う
位十二階の制度，十七条の憲法を定め，遣隋使を派遣。
　　　　　　　　　　　　　　　　　　　　　　　　　↳小野妹子を派遣
　↳家柄に関係なく能力のある人を役人に取り立てる
仏教の信仰にあつく，法隆寺を建てる。
　　　　　　　　　↳現存する世界最古の木造建築
(2) 大化の改新……645年に中大兄皇子・中臣鎌足が蘇我氏
　　　　　　　　　　　　　　↳のちの天智天皇
を滅ぼし，政治改革を行う。唐のような律令国家をめざす。
　↳公地・公民の方針を示す

得点アップ

文明のおこり

① **旧石器時代**…打製石器を使用し，狩りや採集を行った時代。
② **新石器時代**…磨製石器を使用し，農耕や牧畜を行った時代。
③ **古代文明**…エジプト文明は象形文字，ピラミッド，太陽暦など。メソポタミア文明は楔形文字，60進法・太陰暦など。インダス文明はインダス文字，モヘンジョ・ダロの都市遺跡，中国文明は甲骨文字，青銅器など。
④ **ヘレニズム文化**…アレクサンドロス大王の東方遠征によってギリシャの文化と東方の文化が融合し，生まれた文化。

日本の原始時代

① 『**漢書**』**地理志**…紀元前1世紀の日本は小国が分立していた。
② 『**後漢書**』**東夷伝**…1世紀に奴国の王が金印を授けられた。
③ 『**魏志**』**倭人伝**…3世紀に邪馬台国が中国に使いを送った。

飛鳥時代

① **飛鳥文化**…日本最初の仏教文化。法隆寺の釈迦三尊像など。
② **壬申の乱**…天智天皇の死後におこったあとつぎ争い。

サクッと練習

目標時間10分
　　　　　分

 1 右の地図を見て，次の問いに答えなさい。

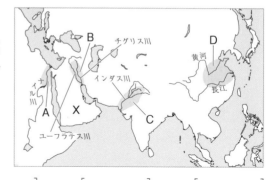

(1) 地図中のA，B，Dの古代文明に関係の深い語句を，次の**ア〜カ**からそれぞれ2つ選び，記号で答えなさい。

ア 楔形文字（くさびがた）　**イ** 象形文字（しょうけい）

ウ 甲骨文字（こうこつ）　**エ** 太陽暦（れき）

オ 青銅器　**カ** 太陰暦（たいいん）

A [　　　　] B [　　　　] D [　　　　]

(2) 地図中の地域でおこった次の**ア〜エ**のできごとを年代の古い順に並べかえ，記号で答えなさい。
[　　→　　→　　→　　]

ア ローマ帝政になる。　**イ** アレクサンドロス大王が東方に遠征（えんせい）する。

ウ キリスト教が開かれる。　**エ** ギリシャでポリスが成立する。

(3) 地図中のXの半島で6世紀にイスラム教を開いた人物の名を答えなさい。

[　　　　　　　　　]

 2 飛鳥時代（あすか）について，次の問いに答えなさい。

一に曰く（いわ），和をもって貴し（たっと）としなし，さからうことなきを宗（むね）とせよ。

二に曰く，あつく三宝（さんぼう）を敬え。三宝とは仏（ぶつ）・法（ほう）・僧（そう）なり。

三に曰く，詔（みことのり）をうけたまわりては必ずつつしめ。（一部要約）

 (1) 役人の心構えを示した右の史料を何といいますか。　[　　　　　　]

(2) この史料を定めた人物名を答えなさい。　[　　　　　　]

 (3) この史料を定めた前年に，冠位十二階（かんいじゅうにかい）の制度が定められています。この制度の目的を簡単に答えなさい。

[　　　　　　　　　　　　　　　　　　　　　　　　　]

(4) (2)の人物がつくらせた，右の現存する世界最古の木造建築の寺院の名称を答えなさい。　[　　　　　　]

(5) 645年，蘇我氏（そがし）をたおして始まった政治改革を何といいますか。　[　　　　　　]

 (6) (5)の中心人物を次から2人選び，記号で答えなさい。

[　　　　　]

ア 中大兄皇子（なかのおおえのおうじ）　**イ** 大海人皇子（おおあまのおうじ）　**ウ** 小野妹子（おののいもこ）　**エ** 中臣鎌足（なかとみのかまたり）

アは天智天皇，**イ**は天武天皇，**エ**は藤原鎌足とのちに名前が変わる。

重要ポイント TOP3

班田収授法	聖武天皇	藤原道長
6歳以上の男女に口分田を与え、死ねば返させる制度。	国分寺・国分尼寺の建立、東大寺の大仏づくりを命令。	11世紀、藤原氏による摂関政治の全盛期を築く。

12 〈歴史〉 古代国家の歩み

1 奈良時代

(1) 律令国家……701年に唐の法律にならって**大宝律令**を制定。
　　　　　　　　　　　　　　　律は刑罰, 令は政治の決まり

(2) 平城京……710年, 唐の都**長安(西安)**にならって造営。
　　↳平安京に都を移すまでを奈良時代という

(3) 土地制度と税……6歳以上の男女に**口分田**を与え, 死ねば返させる**班田収授法**。口分田に対し**租**を負担。成年男子には**調**や**庸**などの税や兵役・労役の義務。
　特産物を納める↗　　↳収穫量の約3%の稲を納める
　労役のかわりに布を納める↗

(4) 口分田の不足……**墾田永年私財法**を制定→**荘園**の発生。
　　　　　　　↳743年, 新しく開墾した土地の私有を認める　↳貴族や寺院の私有地

2 天平文化

▲東大寺正倉院

(1) 仏教……**聖武天皇**は仏教の力で国を守ろうと, 全国に**国分寺**・国分尼寺, 都に**東大寺**を建て, 大仏づくりを命じる。**鑑真**が唐から来日し, 正しい仏教の教えを広める。
　　　　　　↳正倉院には聖武天皇の遺品などが収められている　↳唐招提寺を建立
　　　　　　　　　　　↗行基が協力

(2) 書物……『**古事記**』・『**日本書紀**』(歴史書), 『**風土記**』(地誌), 『**万葉集**』(和歌集)がつくられる。
　　　　↳天皇や貴族だけでなく, 防人や農民の歌などもおさめられている

3 平安時代

(1) 桓武天皇……794年, 政治を立て直そうと**平安京**に遷都する。**坂上田村麻呂**を征夷大将軍に任じ, **蝦夷**を平定。
　　　　　　　　　　　　　　　　　　　　　　　　　　　　↳東北地方の人々

(2) 新しい仏教……**最澄**は天台宗, **空海**は真言宗を伝える。

4 摂関政治と国風文化
　↗藤原道長・頼通のころに全盛期

(1) 摂関政治……**藤原氏**は娘を天皇のきさきとし, 孫の天皇が幼いときは**摂政**, 成人してからは**関白**として権力を握る。

(2) 国風文化……**仮名文字**で書かれた
　　↳日本の風土や生活に合った文化
文学(**紫式部**の『**源氏物語**』・清少納言の『**枕草子**』)。**寝殿造**の屋敷。

▲平等院鳳凰堂

(3) 浄土信仰……死後に極楽浄土に生まれ変わることを願う。**平等院鳳凰堂**などの阿弥陀堂。

得点アップ

奈良時代

① 律令政治…中央は太政官・神祇官が置かれ, 太政官の下に8省が置かれた(二官八省)。九州に**大宰府**が置かれた。

② 和同開珎…708年に発行された通貨で, 平城京の市や畿内で流通。日本初の貨幣は**富本銭**。

▲和同開珎

③ 防人…3年間, 九州北部を防衛する兵役。

天平文化

★ 正倉院の宝物…遣唐使が持ち帰ったと思われる, 西アジアやインドから伝わった文物もふくまれる。

▲螺鈿紫檀五絃琵琶

平安時代

① 菅原道真…遣唐使の停止を訴えた貴族。のちに藤原氏によって大宰府に左遷され, その地で亡くなった。

② 藤原道長の歌

> この世をば
> わが世とぞ思う
> 望月の
> 欠けたることも
> なしと思えば

サクッと練習

目標時間10分
分

1 天平文化について，次の問いに答えなさい。

(1) 右の写真の大仏について，次の問いに答えなさい。

① この大仏をつくることを命じた天皇の名を答えなさい。
[　　　　　]

② この大仏をつくろうとした目的を簡単に答えなさい。
[　　　　　]

③ 大仏をつくる命令が出された743年には，開墾した土地の私有を
認める法律も出されています。この法律の名称を答えなさい。
[　　　　　]

(2) 右の史料の和歌について，次の問いに答えなさい。

① この和歌がおさめられている，天平文化が栄えたころにまとめら
れた歌集の名を答えなさい。[　　　　　]

② この和歌をよんだ人物がついていた，九州北部を防衛する兵役を
何といいますか。[　　　　　]

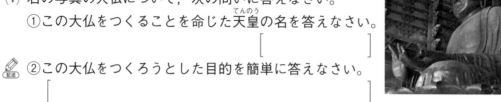

から衣　すそに取りつき　泣く子らを　置きてぞ来ぬや　母なしにして

2 次の文を読んで，あとの問いに答えなさい。

> 「この世をば　わが世とぞ思う　望月の　欠けたることも　なしと思えば」という和歌をよんだ（　X　）は，娘を次々に天皇のきさきにし，自らは孫である幼い天皇を補佐する（　Y　）として政治の実権を握った。（　X　）の娘に仕えた紫式部は，当時のA貴族のくらしを生き生きとえがいたB長編小説を書いた。

(1) 文中の（　X　）にあてはまる人物名を漢字4字で答えなさい。[　　　　　]

(2) 文中の（　Y　）にあてはまる役職名を次から選び，記号で答えなさい。[　　　　　]
　ア 太政大臣　イ 関白　ウ 国司　エ 摂政

(3) 下線部Aについて，右の図のような，当時の貴
族の屋敷の建築様式を何といいますか。
[　　　　　]

(4) 下線部Bについて，次の問いに答えなさい。

① この小説を何といいますか。[　　　　　]

② この小説を書くのに用いられた，日本語の発音を表せるように工夫された文字
を何といいますか。[　　　　　]

 問題文中に「幼い天皇を補佐する」と書かれている。

13 〈歴史〉武家政治の始まり

1 成長する武士

(1) 武士のおこり……もとは地方の豪族で、武士団をつくり成長。平将門の乱・藤原純友の乱(10世紀)。前九年合戦・後三年合戦(11世紀)を源氏がしずめ、勢力拡大。

(2) 武士の進出……11世紀末に白河上皇が院政を始め、12世紀に京都で保元の乱・平治の乱がおき、平氏が権力を握る。

(3) 平氏政権……平清盛は武士として初めて太政大臣となる。

2 鎌倉幕府の成立

(1) 鎌倉幕府……平氏滅亡後、源頼朝は鎌倉幕府を開く。国ごとに守護、荘園や公領ごとに地頭を置く。

(2) 承久の乱……北条氏による執権政治に対し、後鳥羽上皇は承久の乱をおこすが敗北。幕府は朝廷監視などのために京都に六波羅探題を設置。

(3) 武士の法律……御成敗式目(貞永式目)。
↳1232年制定で裁判の基準を示す

主従関係
- 守護、地頭の任命
- 恩賞として領地を与える

将軍 →御恩→ 御家人
御家人 →奉公→ 将軍
- 忠誠をつくす
- 戦いに出る
- 大番役などの奉仕

▲将軍と御家人の関係

3 鎌倉時代の仏教と文化

(1) 鎌倉仏教……念仏—浄土宗(法然)・浄土真宗(親鸞)・時宗(一遍)、題目—日蓮宗(日蓮)、座禅—禅宗(栄西・道元)。

(2) 鎌倉文化……彫刻—金剛力士像(運慶ら)、軍記物—『平家物語』(琵琶法師が語る)、随筆—『徒然草』(兼好法師)

4 元の襲来

▲「蒙古襲来絵詞」

(1) 元寇……フビライ=ハンによる朝貢の要求を、執権の北条時宗が退ける→元・高麗軍が博多湾に襲来(文永の役・弘安の役)→元を退けた。

(2) 御家人の困窮……御家人を救うために幕府は(永仁の)徳政令を出すが、混乱をまねき、信用を失う。
↳御家人が手放した土地をただで返還するように命じる
↳元寇による恩賞は十分でなかった

得点アップ

成長する武士

① 院政…天皇がその位をゆずり上皇となったあとも、摂政や関白の力をおさえて院で政治を行った。

② 平清盛…平治の乱で源氏を破る。宋との貿易で利益を得る。

鎌倉幕府の成立

★ 鎌倉幕府の組織

```
        将軍
         |
        執権
  （地方）  （中央）
```

地頭	守護	六波羅探題	問注所	政所	侍所
荘園や公領の管理、年貢の取り立て	国内の軍事・警察と御家人の統率	京都の警備、朝廷の監視	裁判	幕府の財政など	御家人の統率・軍事

鎌倉時代の仏教と文化

★ 彫刻

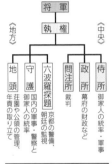

▲金剛力士像
(東大寺南大門)

元の襲来

★ 元寇…文永の役で御家人は元軍の集団戦法や火薬に苦しめられた。幕府は元軍の二度目の襲来に備えて、上陸をはばむ防塁(石の防壁)を築かせた。

サクッと練習

目標時間 10 分

分

1 右の年表を見て，次の問いに答えなさい。

(1) （　X　）に入る，天皇がその位をゆずって上皇になったあとも，実権を握る政治を何といいますか。
[　　　　　]

年代	できごと
1086 年	白河上皇が（　X　）を始める。
1167 年	A平清盛が太政大臣となる。
1185 年	B源頼朝が全国の荘園や公領に（　Y　）を置く。
1221 年	後鳥羽上皇がC承久の乱をおこす。
1232 年	（　Z　）が制定される。

(2) 下線部Aについて，平清盛について述べた文として正しくないものを次から選びなさい。　[　　　　　]
　ア　平治の乱で源氏を破る。　　イ　宋との貿易で富を得る。
　ウ　征夷大将軍に任じられる。　エ　清盛の死後，一族は壇ノ浦の戦いで滅ぶ。

(3) 下線部Bについて，源頼朝がつくった鎌倉幕府は，御家人との主従関係の下で成り立っていました。この主従関係で，御家人が将軍のために命がけで戦うことを何というか，漢字2字で答えなさい。　[　　　　　]

(4) （　Y　）にあてはまる語句を次から1つ選び，記号で答えなさい。　[　　　　　]
　ア　国司　　イ　地頭　　ウ　侍所　　エ　守護

(5) 下線部Cについて，承久の乱後，幕府が朝廷の監視や西国の武士の統率のために京都に置いた役職を何といいますか。　[　　　　　]

(6) （　Z　）にあてはまる，武家社会の慣習をまとめ，裁判の基準となった法を何といいますか。
[　　　　　]

2 右の資料を見て，次の問いに答えなさい。

(1) 日本に襲来してきた国の組み合わせを次から選び，記号で答えなさい。　[　　　　　]
　ア　唐・新羅　　イ　元・高麗
　ウ　唐・高麗　　エ　元・新羅

(2) このときの執権はだれですか。　[　　　　　]

(3) 二度の襲来の後，御家人たちが幕府に対し不満をいだくようになった理由を簡単に答えなさい。[　　　　　]

(4) この後，幕府が借金のために土地を手放した御家人に対し，ただで土地を取りもどさせようと出した命令を何といいますか。　[　　　　　]

> ココ注意！　荘園や公領に置かれた職であることに注目する。

14 〈歴史〉 中世社会の展開

重要ポイント TOP3

日明貿易(勘合貿易)	書院造	応仁の乱
足利義満が明と始めた朝貢貿易。勘合を用いる。	床の間，たたみ，明かり障子に特徴がある住宅様式。	将軍のあとつぎ問題などによっておこった戦い。

1 室町幕府

(1) 南北朝の動乱……後醍醐天皇が建武の新政を始めるが失敗し，吉野にのがれる(南朝)。足利尊氏が京都に立てた_{鎌倉幕府を滅ぼす}天皇(北朝)から征夷大将軍に任じられ，室町幕府を開く→1392年，第3代将軍の足利義満のときに南北朝は合一。

(2) 室町幕府……将軍の補佐は管領。地方で守護が守護大名に。

2 貿易と産業

(1) 日明貿易(勘合貿易)……倭寇と正式な貿易_{足利義満が始める} _{海賊行為を行った西日本の武士や漁民など}船を区別するために勘合を用いる。

▲勘合

(2) 交流……各地の守護大名が，朝鮮国や琉球王国と貿易。_{李成桂が建国} _{中継貿易で栄える}アイヌ民族との交易も始まる。

(3) 産業の発達……物資を運ぶ馬借，港では問(問丸)が活動。土倉や酒屋などの高利貸しが現れ，座がつくられる。_{同業者組合，税を納めるかわりに営業を独占}

(4) 農村の自治……惣が寄合で掟を定めて，村を運営。_{自治組織}

3 戦国時代

(1) 応仁の乱……足利義政のあとつぎ問題などから，1467年_{細川氏と山名氏の対立}に応仁の乱が始まる→下剋上の風潮が広まり，国一揆や浄_{身分が下の者が実力で上の者に打ち勝つ風潮} _{地侍や農民が，団結しておこした}土真宗の信者による一向一揆がおこる。_{浄土真宗の別称が一向宗}

(2) 戦国大名……城下町をつくり，独自に分国法を定める。

4 室町文化

(1) 北山文化……足利義満が北山に金閣を建てる。観阿弥・世阿弥親子は能(能楽)を大成。

▲書院造

(2) 東山文化……足利義政が東山に銀閣を建てる。書院造は_{床の間などが設けられる}和風建築の源流。雪舟は水墨画を大成。

(3) 民衆文化……狂言や御伽草子。_{能の合い間に演じられるこっけいな劇}

得点アップ

室町幕府
★ 二条河原落書

此比都ニハヤル物
夜討 強盗 謀綸旨
召人 早馬 虚騒動
…

建武の新政は貴族を重視したため，武士の不満が高まった。落書は後醍醐天皇の政治を批判したもの。

貿易と産業
① 正長の土一揆…1428年に借金の帳消しを求めておこった最初の土一揆。
② 町衆…商工業の発達によって現れた京都の裕福な商工業者。応仁の乱後，祇園祭を復活させた。

戦国時代
① 国一揆と一向一揆…1485年の山城国一揆は，一揆側が守護大名の勢力を追い出した。1488年の加賀国一向一揆は，守護大名が滅ぼされ，農民らが約100年間自治を行った。
② 分国法の例

　一　許可を得ないで他国へおくり物や手紙を送ることは一切禁止する。
　　　　(部分要約)
　　　(甲州法度之次第)

甲斐(山梨県)の戦国大名であった武田氏の分国法である。

サクッと練習

⏱ 目標時間 10分
⬜ 分

1 次の文を読んで，あとの問いに答えなさい。

> 室町時代になると，A日明貿易によって大量の銅銭がもたらされ，B定期市などで貨幣が使われることが多くなった。C応仁の乱以後，下の身分の者が実力で上の者に打ち勝つ（　X　）の風潮が広がるなか，経済力をつけた民衆はD自治をめざす動きをみせたが，各地に現れた戦国大名は独自の（　Y　）を定めて，民衆の行動を取りしまり，領国支配を強めていった。

(1) 下線部Aについて，この貿易には右の資料のような証明書が用いられました。証明書を用いる理由を簡単に答えなさい。

[　　　　　　　　　　　　　　　　　]

(2) 下線部Bについて，次の問いに答えなさい。
① 定期市での営業の独占を認められた同業者組合を何といいますか。[　　　]

② この時代の高利貸しを，次から1つ選び，記号で答えなさい。
ア 馬借　　**イ** 土倉　　**ウ** 問(問丸)　　**エ** 町衆

(3) 下線部Cについて，この戦乱のきっかけとなるあとつぎ争いがおきたときの将軍の名を答えなさい。
[　　　　　　　]

(4) 文中の（　X　）にあてはまる語句を答えなさい。[　　　　　]

(5) 下線部Dについて，右の資料のような浄土真宗の信仰で結びついた人々が守護大名などに対抗したことを何といいますか。
[　　　　　　　]

(6) 文中の（　Y　）にあてはまる語句を答えなさい。[　　　　]

2 室町時代の文化について，次の問いに答えなさい。

(1) 右の資料の建築物を建てた人物と建てられた場所の組み合わせを次から1つ選び，記号で答えなさい。[　　　　　]
ア 足利尊氏・北山　　　　　**イ** 足利尊氏・東山
ウ 足利義満・北山　　　　　**エ** 足利義満・東山

(2) 観阿弥・世阿弥親子によって大成された舞台芸能を何といいますか。
[　　　　　　　]

(3) 室町時代に，日本の水墨画を大成した人物の名を答えなさい。
[　　　　　　　]

> 浄土真宗の別称を考える。

15 〈歴史〉 ヨーロッパ人の 来航と全国統一

重要ポイント TOP3

宗教改革	楽市・楽座	太閤検地
ローマ教皇を批判し，聖書を重んじることを主張。	織田信長が商業の発展のために行った，座を廃止した政策。	全国の田畑を調査し，予想される収穫量を石高で表す。

1 ヨーロッパ世界

(1) **十字軍の影響**……ヨーロッパでは<u>ローマ教皇（法王）</u>が大きな権威をもつ→**十字軍の失敗**により権威が低下。一方，新しい文化が伝わる→**ルネサンス（文芸復興）**や<u>宗教改革</u>。
　　　　イスラム文化など

(2) **宗教改革**……**ルターやカルバン**が聖書に基づく信仰を主張（**プロテスタント**）。カトリック教会は**イエズス会**を組織し，海外布教を行う。

(3) **大航海時代**……**ポルトガル**はアジアとの貿易，**スペイン**はアメリカ大陸の植民地化に力を注ぐ。
　　　　インカ帝国などを滅ぼす

▲大航海時代に開拓された航路

2 南蛮人の来航と織田信長

(1) **鉄砲の伝来**……1543年，ポルトガル人によって**鉄砲**が伝えられる→のちに織田信長が<u>長篠の戦い</u>で有効活用。
　　　種子島（鹿児島県）に漂着　　　　武田氏の騎馬隊を破る

(2) **キリスト教の伝来**……1549年，**ザビエル**が来日→九州を中心に布教。**キリシタン大名**も現れる。
　　　　　　　　　　　　　イエズス会の宣教師

(3) **南蛮貿易**……ポルトガル人，スペイン人が平戸や長崎に来航。
　　　　　　　　　　　　　　　　　　　長崎県

(4) **織田信長**……室町幕府を滅ぼし，仏教勢力を弾圧。**安土城**を築き，城下の経済発展をめざし<u>楽市・楽座</u>を実施する。
　　　　　　比叡山延暦寺・一向一揆

3 豊臣秀吉の統一事業

(1) **全国統一**……関白に任じられ，1590年に全国統一。

(2) **兵農分離**……全国の土地調査を行い，予想収穫量を石高で表す<u>太閤検地</u>を行い，農民に土地の所有権を保障するが年貢納入の義務を負わせる。また，一揆を防ぐため，
　　　ものさしやますを統一
農民や寺社から武器を取りあげる<u>刀狩</u>も行う→**兵農分離**。
　　　　　　　　　　　　　　武士と農民の区別が明らかになる

(3) **対外政策**……キリスト教を禁止し，宣教師を追放したが，南蛮貿易は奨励したために不徹底。また，明の征服をめざして，朝鮮に出兵（**文禄の役・慶長の役**）するが引きあげる。

得点アップ

ヨーロッパ世界

① **イスラム世界**…イスラム教の国々は北アフリカ・西アジア・イベリア半島に勢力を拡大し，キリスト教の聖地でもあるエルサレムも支配した。

② **新しい航路**
コロンブス…西インド諸島到達。
バスコ＝ダ＝ガマ…インド航路を開拓。
マゼラン船隊…世界一周達成。

南蛮人の来航と織田信長

★ **天正遣欧少年使節**
　九州のキリシタン大名が少年4人をローマ教皇へ派遣。しかし，彼らの帰国時には，日本でキリスト教は禁じられていた。

▲天正遣欧少年使節

豊臣秀吉の統一事業

★ **桃山文化**…豪華で壮大な文化で，天守のある城には華やかな屏風絵が飾られた。

▲姫路城

サクッと練習

目標時間 10分

　　　分

1 次の問いに答えなさい。

(1) 地図中Xをイスラム教徒から取り
もどすことを命じたカトリック教
会の頂点に立つ人物の役職を答え
なさい。　［　　　　　　　　］

(2) 地図中Aの航路と関係ある人物を
次から選びなさい。　［　　　　］

　ア　バスコ=ダ=ガマ　　イ　マルコ=ポーロ
　ウ　マゼラン　　　　　　エ　コロンブス

(3) 地図中A～Cの航路の開拓を援助した国の人々は日本にも貿易のために現れてい
ます。この国を次から2つ選び，記号で答えなさい。　［　　　　　　　　　　］

　ア　オランダ　　イ　イギリス　　ウ　ポルトガル　　エ　スペイン

(4) (3)の国々の人々が日本で行った貿易を何といいますか。　［　　　　　　　　］

(5) 地図中A～Cの航路を利用し，キリスト教の海外布教を積極的に行ったカトリッ
ク教会の組織を何といいますか。　　　　　　　　　［　　　　　　　　］

(6) ヨーロッパ人が日本にもたらした鉄砲を有効に利用し，織田信長が武田氏の軍を
破った戦いを何といいますか。　　　　　　　　　　［　　　　　　　　　　　　　］

2 豊臣秀吉について，次の問いに答えなさい。

(1) 右の史料について，次の問いに答えなさい。
　①この命令を何といいますか。　［　　　　　　　］令

　②この史料から読みとることができる，豊臣秀吉が
　　この命令を出した目的を簡単に答えなさい。
　［
　　　　　　　　　　　　　　　　　　　　　　　　　　　］

(2) 豊臣秀吉が全国の田畑に役人を派遣し，調査を行っ
たことを何といいますか。　［　　　　　　　　］

(3) 豊臣秀吉が行った朝鮮侵略の戦いの組み合わせとし
て正しいものを次から選びなさい。　［　　　　　　］

　ア　文永の役・弘安の役　　イ　文禄の役・弘安の役
　ウ　文永の役・慶長の役　　エ　文禄の役・慶長の役

> 諸国の百姓が刀やわきざ
> し，弓，やり，鉄砲，その他の
> 武具を持つことは，かたく
> 禁止する。不必要な武具を
> たくわえ，年貢その他の税
> をなかなか納めず，ついに
> は一揆を企てたりして，領
> 主に対してよからぬ行為を
> する者はもちろん処罰する。

秀吉は何を恐れていたのかを，史料から読み取る。

〈歴史〉

16 江戸幕府の成立

1 江戸幕府の成立

(1) 幕藩体制……徳川家康が江戸幕府を開く。大名を統制する武家諸法度には，のちに参勤交代の制度が追加。
→将軍の代がわりごとに出される　→江戸と領地を一年おきに往復　→3代将軍徳川家光

(2) 外交政策……最初は積極的に朱印船貿易を行っていたが，キリスト教禁止の徹底のために，貿易相手はオランダと中国に限定。幕領の長崎でのみ貿易し，外交を独占（鎖国）。
→朱印状を発行。東南アジアに日本町を形成　→絵踏などを行う　→長崎の出島でのみ　→禁教，貿易統制，外交独占の体制

2 産業と交通

(1) 交通路の整備……江戸を起点とした五街道を整備。年貢米などは西廻り航路・東廻り航路によって大阪や江戸へ。
→大阪，京都とあわせて三都と呼ばれる。「将軍のおひざもと」

(2) 商業の発達……大阪には各藩が蔵屋敷を設置。
→「天下の台所」　→年貢米や特産物を販売

3 政治改革

(1) 享保の改革……8代将軍徳川吉宗による改革。公事方御定書を定め，民衆の意見を聞く目安箱の設置などを行う。
→質素・倹約　→裁判の基準

(2) 田沼意次の改革……老中田沼意次の積極的経済政策。株仲間を奨励，印旛沼を干拓→天明のききん・わいろの横行。
→同業者組合

(3) 寛政の改革……老中松平定信による改革。幕府の学問所では朱子学以外を学ぶことを禁じる。米の備蓄を命じた。
→質素・倹約　→昌平坂学問所　→身分秩序を重んじる儒学　→ききんに備えるため

(4) 天保の改革……老中水野忠邦による改革。株仲間の解散。江戸・大阪周辺の農村を幕領にしようとして失脚。
→質素・倹約　→物価の上昇をおさえることがねらい

4 江戸時代の文化

(1) 元禄文化……上方中心の町人文化。井原西鶴，近松門左衛門，松尾芭蕉，浮世絵の菱川師宣などが活躍。
→上方　→人形浄瑠璃の台本　→俳諧(俳句)　→浮世草子

(2) 化政文化……江戸中心の庶民の文化。喜多川歌麿・葛飾北斎・歌川広重などの錦絵。
→多色刷りの版画

(3) 学問……国学─本居宣長『古事記伝』，蘭学─杉田玄白ら『解体新書』，伊能忠敬の日本地図。

▲見返り美人図

得点アップ

江戸幕府の成立

① 江戸幕府のしくみ

```
              将　軍
  ┌────┬────┬────┬──┬──┬────┐
 大阪  京都  寺社  若  老  大老
 城代  所司  奉行  年  中  （臨時の職）
      代          寄
  ┌────┬────┬────┐
 遠国  勘定  町   大
 奉行  奉行  奉行  目付
```

② 島原・天草一揆…1637年，キリスト教徒への迫害や重い年貢に苦しんだ人々による，九州でおきた一揆。

③ 鎖国下の外交…朝鮮は対馬藩が窓口。将軍の代がわりごとに朝鮮通信使を派遣。琉球王国は薩摩藩に服属。将軍や琉球国王の代がわりごとに琉球使節を派遣。アイヌ民族は松前藩が交易。

政治改革

① 百姓一揆と打ちこわし…農民が団結しておこすのが百姓一揆，都市で米を買い占めた商人をおそう暴動が打ちこわし。

② からかさ連判状

江戸時代の文化

★ 寺子屋…庶民の子どもが「読み・書き・そろばん」を学んだ。

サクッと練習

目標時間 10分

　　分

1 右の年表を見て，次の問いに答えなさい。

年代	できごと
1603 年	（　　）が江戸幕府を開く。
1615 年	A大名を統制するための法が制定される。
1635 年	B日本人の海外渡航と帰国が禁止される。
1639 年	Cポルトガル船の来航が禁止される。
1716 年	X 享保の改革 が始まる。
1772 年	D田沼意次が老中となる。
1787 年	寛政の改革が始まる。
1841 年	Y 天保の改革 が始まる。

（1716年〜1841年の範囲に P ）

(1) （　　）にあてはまる人物名を答えなさい。　［　　　　　　］

(2) 下線部Aの法律の名称を答えなさい。　［　　　　　　］

(3) 下線部Bによって終わった貿易を次から1つ選び，記号で答えなさい。　［　　　　　　］

　ア　朱印船貿易　　イ　南蛮貿易
　ウ　勘合貿易　　　エ　日宋貿易

(4) 下線部Cの後，長崎で貿易を許された国を次から2つ選び，記号で答えなさい。
　［　　　　　　］

　ア　イギリス　　イ　オランダ　　ウ　スペイン　　エ　中国

(5) 下線部Dの田沼意次が奨励した同業者組合を何といいますか。　［　　　　　　］

(6) 年表中のXとYの改革を行った人物の組み合わせを次から1つ選び，記号で答えなさい。　［　　　　　　］

　ア　X－松平定信　　Y－水野忠邦　　　イ　X－徳川吉宗　　Y－水野忠邦
　ウ　X－徳川吉宗　　Y－松平定信　　　エ　X－松平定信　　Y－徳川吉宗

(7) 年表中のPの期間に百姓一揆が多発しました。百姓一揆の連判状が右の資料のように円形に書かれている理由を簡単に答えなさい。

　［　　　　　　　　　　　　　　　　　　　　　　　　　　　　　　　　　　　　］

2 江戸時代の文化について，次の問いに答えなさい。

(1) 元禄文化で活躍した近松門左衛門に関係の深いことがらを次から1つ選び，記号で答えなさい。　［　　　　　　］

　ア　浮世草子　　イ　俳諧(俳句)　　ウ　国学　　エ　人形浄瑠璃の台本

(2) 化政文化で，多色刷りの技術が進んだ右のような浮世絵を何といいますか。　［　　　　　　］

(3) 前野良沢らとともに『解体新書』を出版し，蘭学の基礎を築いた人物の名を答えなさい。　［　　　　　　］

 このころまで，日本は東南アジアの国との貿易を盛んに行っていた。

〈歴史〉
17 欧米の近代化と日本の開国

1 市民革命

(1) イギリス……ピューリタン革命→名誉革命で「権利章典」。
→清教徒革命とも呼ばれる　↳クロムウェルが指導　↳国王の力を制限し, 議会の権利を確定

(2) アメリカ……イギリスとの独立戦争→独立宣言。
↳ワシントンが指揮

(3) フランス……フランス革命・人権宣言→ナポレオンが皇帝に。

2 産業革命とアジア侵略

(1) 産業革命……18世紀後半, イギリスで開始。蒸気機関を
利用した機械の導入により, 社会が大きく変化。
↳「世界の工場」

(2) 中国……イギリスとのアヘン
戦争に敗れ, 南京条約を結ぶ→
↳不平等な内容
太平天国の乱がおこる。
↳洪秀全が率いる

(3) インド……インド大反乱が鎮
圧され, イギリスの植民地に。

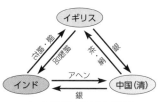
▲イギリスの三角貿易

3 日本の開国

日米修好通商条約で開港した港
（函館・両方の条約で開港）
新潟
神奈川
兵庫
下田
長崎
日米和親条約で開港した港
※日米修好通商条約の締結により下田は閉鎖
▲開港地

(1) 開国……1853年, ペリーが浦賀に来
航→1854年, 幕府は日米和親条約を
結び, 下田と函館を開港。
↳食料や水, 石炭などを供給

(2) 貿易の開始……井伊直弼が日米修好
↳1858年　↳大老
通商条約を結び, 貿易開始。条約は領
事裁判権（治外法権）を認め, 日本に関税自主権がない内容。
↳外国人の犯罪はその国の領事が裁く権利

(3) 経済の混乱……世直し一揆の多発。尊王攘夷運動が高まる。
↳物価の上昇や品物不足　↳天皇を敬い, 外国の勢力を排除しようとする動き

4 幕府の滅亡

(1) 倒幕……薩摩藩は薩英戦争, 長州藩は下関砲撃事件によっ
て, 攘夷が不可能だと知る→坂本龍馬の仲立ちで薩長同盟。

(2) 幕府の滅亡……1867年, 徳川慶喜が大政奉還を行う。王
↳15代将軍　↳政権を朝廷に返す
政復古の大号令によって, 徳川家の影響力は除かれる→
↳天皇中心の政治を宣言
戊辰戦争→国内の平定。
↳新政府軍と旧幕府軍の戦い

得点アップ

市民革命

★ 啓蒙思想家…ロック
は抵抗権を, モンテ
スキューは三権分立
を, ルソーは人民主
権を主張した。

産業革命とアジア侵略

① 資本主義…資本家が
労働者を雇って利益
を追求し, 競争する
ことで生産活動を行
う経済のしくみ。当
時の労働者は劣悪な
環境で働いていた。

② 社会主義…資本主義
を批判し, 土地や工
場などの生産手段を,
公のものにする考え。

③ 南北戦争…アメリカ
では, 奴隷制度をめ
ぐって内戦となり,
リンカン大統領が率
いる北部が勝利した。

日本の開国

① 安政の大獄…大老の
井伊直弼が, 幕府の
政策に反対する者を
大量に処罰した。

② 幕末の貿易のようす

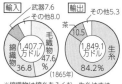

輸入　武器7.6
その他8.0
毛織物
綿織物　1,407.7　物47.6
36.8　万ドル　%
(1865年)

輸出　その他5.3
茶　10.5
1,849.1　生
万ドル　糸
84.2%

※綿織物は綿糸をふくむ。生糸はまゆ,
蚕卵紙をふくむ。
『日本経済史3 開港と維新』

幕府の滅亡

★ 薩長同盟の中心人物
西郷隆盛（薩摩藩）
大久保利通（薩摩藩）
木戸孝允（長州藩）

サクッと練習

目標時間 10分

　　　分

1 次の問いに答えなさい。

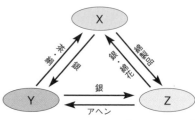

(1) イギリスで始まった，蒸気機関で動く機械の使用によって工業が盛んになり，社会や経済のしくみが大きく変化したことを何といいますか。

［　　　　　　　　　　］

(2) 右の図は，19世紀のイギリスの三角貿易を表しています。図中のX・Zの国の組み合わせを次から選びなさい。　［　　　　　］

ア　X－インド　　Z－イギリス　　イ　X－イギリス　　Z－インド

ウ　X－中国(清)　Z－インド　　エ　X－イギリス　　Z－中国(清)

(3) 1840年におこったアヘン戦争のあとに結ばれた，上海などの港を開港させた条約を何といいますか。

［　　　　　　　　　　］

2 右の年表を見て，次の問いに答えなさい。

(1) （　X　）にあてはまる人物を答えなさい。　［　　　　　　　］

(2) 下線部Aについて，この条約によって開かれた港を右の地図中から2つ選びなさい。　［　　　　　］

(3) 下線部Bについて，次の問いに答えなさい。

年代	できごと
1853年	（　X　）が浦賀に来航する。
1854年	A日米和親条約が結ばれる。
1858年	B日米修好通商条約が結ばれる。
1866年	C薩長同盟が結ばれる。
1867年	D徳川慶喜が政治の実権を朝廷に返す。
1868年	（　Y　）がおこる。

①この条約にふくまれていた不平等な内容は，日本に関税自主権がないことと，もう1つはどのような内容ですか。

［

②このころの日本のおもな輸出品を選びなさい。　［　　　　　］

ア　綿織物　　イ　毛織物　　ウ　生糸　　エ　綿花

(4) 下線部Cについて，薩長同盟の仲立ちをした人を次から選びなさい。　［　　　　　］

ア　西郷隆盛　　イ　坂本龍馬　　ウ　木戸孝允　　エ　大久保利通

(5) 下線部Dのできごとを何といいますか。漢字4字で答えなさい。［　　　　　］

(6) （　Y　）にあてはまる，旧幕府軍と新政府軍の一連の戦いを何といいますか。

［　　　　　　　　　　］

 日本は産業革命以前の段階であることを考える。

〈歴史〉

18 近代日本の歩み

重要ポイント TOP3

地租改正	自由民権運動	大日本帝国憲法
地券を発行し,土地の所有者が地価の3%を金納する。	藩閥政治を批判し,議会政治をめざす運動。	1889年に発布された憲法。天皇が主権をもつ。

1 明治維新

(1) 中央集権国家へ……版籍奉還から廃藩置県を行う。
→大名が領地と領民を天皇に返す
→藩を廃止して県を置く

(2) 富国強兵……三大改革として,学制・徴
→満6歳以上の男女を小学校に通わせる義務
兵令・地租改正を行う。殖産興業をす
→土地の所有者に地券を発行し,地価の3%を現金で納税
すめ,官営模範工場を建設。
→富岡製糸場など

◀地券

(3) 文明開化……都市を中心に西洋文化を取り入れる動き。
→太陽暦・1週間7曜制・ガス灯・レンガ造り建築・人力車・洋服・靴・牛鍋など

2 大日本帝国憲法と議会

(1) 自由民権運動……板垣退助らが民撰議院設立の建白書を
提出。その後,国会期成同盟が結成される。政府は1890
年に国会を開設することを約束。

(2) 政党と内閣……板垣退助は自由党,大隈重信は立憲改進
党を結党。政府は伊藤博文をヨーロッパに派遣し,ドイ
→君主権が強い
ツを中心に憲法を研究。1885年,内閣制度をつくる。
→初代内閣総理大臣は伊藤博文

(3) 憲法と国会……1889年,大日本帝国憲法を発布。翌年,
第1回帝国議会を開催。選挙権は満25歳以上で直接国税
15円以上を納税する男子に与えられる。
→人口の約1%

3 条約改正と戦争

(1) 条約改正……1873年,岩倉使節団が交渉を始めて以降,
欧化政策などを実施。領事裁判権(治外法権)の撤廃は陸
→鹿鳴館での舞踏会　→1894年
奥宗光,関税自主権の完全な回復は小村寿太郎が成功した。
→外相　→1911年　→外相

(2) 日清戦争……1894年,朝鮮の甲午農民戦争をきっかけに
→1894年
日清戦争開戦→下関条約を結ぶ。三国干渉を受け,遼東
→日本は賠償金,台湾,遼東半島などを獲得　→ロシア・ドイツ・フランス　→リアオトン
半島を清に返還。
→返還

(3) 日露戦争……ロシアの南下政策に対抗,日英同盟→日露
→1904年　→対抗　→1902年
戦争開戦→ポーツマス条約を結ぶ→日比谷焼き打ち事件。
→日本は韓国への優越権,樺太の南半分や南満州鉄道の利権などを獲得　→賠償金が取れなかったことへの不満

(4) 韓国併合……1910年,韓国を併合し,朝鮮と改める。
→かんこくへいごう

(5) 明治時代の文化……絵画では横山大観,黒田清輝,文学で
は与謝野晶子や樋口一葉,夏目漱石,森鷗外などが活躍。

得点アップ

明治維新

① 五箇条の御誓文

　一,広ク会議ヲ興シ
　万機公論ニ決スヘ
　シ
　一,上下心ヲ一ニシ
　テ盛ニ経綸ヲ行フ
　ヘシ　　（一部）

② 明治時代初期の国際
　関係や領土の画定
　　清とは日清修好条
　規,朝鮮とは朝鮮に
　不平等な日朝修好条
　規,ロシアとは樺
　太・千島交換条約。
　開拓使や屯田兵で北
　海道の開拓を進め,
　琉球藩を廃止して沖
　縄県を設置。

大日本帝国憲法と議会

★ 西南戦争…西郷隆盛
　を中心に九州でおこ
　った士族の武力によ
　る最後の反乱。

条約改正と戦争

① 義和団事件…欧米諸
　国の中国進出に反発
　して蜂起した民衆の
　動きを受け,清が欧
　米諸国に宣戦布告。

② 中華民国…孫文らが
　辛亥革命をおこし,
　建国した国。

③ 日本の産業革命
　　1880年代後半に
　紡績業から始まる。
　1901年に九州に官
　営の八幡製鉄所がつ
　くられ,日露戦争後
　に重工業が発展。

サクッと練習

1 右の年表を見て，次の問いに答えなさい。

年代	できごと
1874 年	A民撰議院設立の建白書が出される。
1877 年	（　X　）がおこる。
1881 年	B国会開設を政府が約束する。
1889 年	C大日本帝国憲法が発布される。
1890 年	D第 1 回帝国議会が開かれる。

(1) 下線部Aによって始まった，憲法制定や国会開設などを要求した運動を何といいますか。［　　　　　　　　］

(2) （　X　）にあてはまる，九州で西郷隆盛を中心としておこった不平士族の反乱を何といいますか。［　　　　　　　　］

(3) 下線部Bに対して，自由党を結成した人物名を答えなさい。［　　　　　　　　］

(4) 下線部Cについて，この憲法はドイツなどの憲法を研究してつくられました。ドイツの憲法を研究した理由を簡単に答えなさい。［　　　　　　　　］

(5) 下線部Dについて，次の問いに答えなさい。
①選挙権を与えられた人々の要件について述べた次の文中の（　Ⅰ　）（　Ⅱ　）にあてはまる数字を答えなさい。　　Ⅰ［　　　　　］　Ⅱ［　　　　　］
直接国税（　Ⅰ　）円以上を納める満（　Ⅱ　）歳以上の男子
②選挙では議員を選出しない帝国議会の議院の名称を答えなさい。
［　　　　　　　　］

2 明治時代の外交について，次の問いに答えなさい。

(1) 条約改正交渉を始めるために，欧米を訪問した右の資料の使節団を何といいますか。［　　　　　　　　］

(2) 日清戦争のきっかけとなった事件を次から選びなさい。
［　　　　　　　　］

ア　甲午農民戦争　　　　イ　義和団事件
ウ　日比谷焼き打ち事件　エ　江華島事件

(3) 日清戦争後，三国干渉によって，清に返還した領土を右の地図から選びなさい。［　　　　　　　　］

(4) 日露戦争後のポーツマス条約で獲得した内容として正しくないものを次から選びなさい。［　　　　　　　　］

ア　南満州鉄道の利権　　イ　樺太の南半分
ウ　韓国での優越権　　　エ　多額の賠償金

 三国干渉の中心がロシアであることを考える。

19 第一次世界大戦と世界の動き

重要ポイント TOP3

国際連盟	治安維持法	国家総動員法
初の平和のための国際機関。日本も常任理事国。	共産主義思想を取りしまるための法律。	議会の承認なく，政府は国民と物資を動員できる。

1 第一次世界大戦

(1) 第一次世界大戦……オーストリアの皇太子夫妻がサラエボでセルビア人に暗殺されたことをきっかけに開戦。日本も連合国側で参戦，中国に二十一か条の要求。
↳日英同盟を口実に　　　社会主義国家
↳山東省の権益を日本がドイツから引きつぐことなどを要求

(2) ロシア革命……1922年，ソビエト社会主義共和国連邦が成立。
↳1917年，レーニンが主導

(3) 戦後処理……ベルサイユ条約締結，国際連盟設立。

2 大正デモクラシー

(1) 大正デモクラシー……護憲運動。吉野作造の民本主義など。
↳2回あった

(2) 政党内閣……米騒動後，原敬が本格的な政党内閣を組織。
↳立憲政友会

(3) 社会運動……労働争議，小作争議が活発。平塚らいてうらは女性の地位向上，全国水平社は部落解放運動。

(4) 普通選挙法……満25歳以上のすべての男子に選挙権。同年に共産主義を取りしまる治安維持法も制定。
↳1925年制定

3 世界恐慌

(1) 世界恐慌……1929年，アメリカで株が大暴落→世界的に不景気に。

(2) 各国の対策……アメリカはニューディール，イギリス・フランスはブロック経済。ドイツやイタリアはファシズム。
↳新規まき直しともいう。失業者救済のための公共事業など
↳ソ連は恐慌の影響を受けず
↳植民地との関係を強め，それ以外の国の商品には高い関税
↳民主主義を否定する全体主義

▲おもな国の鉱工業生産指数
※年平均，1929年＝100
（「明治以降 本邦主要経済統計」）

4 昭和初期の日本

(1) 国際的孤立……1931年，満州事変がおこり，翌年に満州国を建国→国際連盟が認めず→1933年に国際連盟脱退。
↳柳条湖事件がきっかけ

(2) 軍部の台頭……五・一五事件により政党政治が終わり，二・二六事件により，軍部は政治的発言力を強める。
↳1932年におこった海軍の青年将校らが首相の犬養毅を暗殺した事件
↳1936年におこった陸軍の青年将校らが部隊を率いて反乱をおこした事件

(3) 戦時体制……日中戦争は長期化し，戦時体制を強化。国家総動員法の制定や，大政翼賛会の結成。配給制や切符制。
↳1937年におこった盧溝橋事件がきっかけ
↳すべての政党が解散して合流

得点アップ

第一次世界大戦

① 三国同盟と三国協商

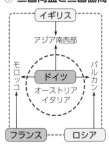

◁┅▷ 三国同盟　┅┅ 三国協商

② バルカン半島…民族紛争が多く発生していた「ヨーロッパの火薬庫」。

③ シベリア出兵…ロシア革命の影響の拡大を抑えるため，連合国が出兵。

④ 第一次世界大戦後のアジアの動き…三・一独立運動(朝鮮)，五・四運動(中国)，ガンディーが唱えた非暴力・不服従の抵抗運動(インド)。

大正デモクラシー

① 米騒動…シベリア出兵をみこした米の買い占めで，米価が高騰し，全国で米の安売りを求める騒動がおこる。

② 大衆文化…新聞や総合雑誌の普及。1925年にはラジオ放送の開始。文学では芥川龍之介やプロレタリア文学の小林多喜二などが活躍。

サクッと練習

目標時間 10 分

分

 1 次の文を読んで，あとの問いに答えなさい。

> ヨーロッパを焼け野原にしたA第一次世界大戦の反省に基づいて，B平和のための国際機関が設立された。また，民族自決の原則が唱えられ，東アジアでもC三・一独立運動がおこったが，独立を達成できたのは東ヨーロッパ諸国にとどまり，アジア・アフリカの植民地支配は続いた。

(1) 下線部Aの戦争中に連合国はシベリア出兵を行っています。シベリア出兵の目的を簡単に答えなさい。[　　　　　　　　]

(2) 下線部Bについて，この国際機関の名称を答えなさい。　[　　　　　　　]

(3) 下線部Cについて，この運動がおこった国を次から選びなさい。[　　　　]
　ア　インド　　イ　中国　　ウ　エチオピア　　エ　朝鮮

 2 右の年表を見て，次の問いに答えなさい。

(1) 下線部Aについて，次の問いに答えなさい。

①同年に全国に拡大した，米の安売りを求める騒動を何といいますか。[　　　　　]

②この政党内閣の首相である右の写真の人物名を答えなさい。[　　　　　]

年代	できごと
1918 年	A本格的な政党内閣が成立。
1922 年	（　　　　）が結成される。
1925 年	B普通選挙法が成立する。
1931 年	C満州事変がおこる。
1937 年	D日中戦争が始まる。

(2) （　　　）の部落解放運動を行った団体を何といいますか。[　　　　　]

(3) 下線部Bと同じ年に制定された，共産主義を取りしまる法律を何といいますか。
[　　　　　　　　　]

(4) 下線部Cについて，次の問いに答えなさい。
①満州事変のきっかけとなった事件を次から選び，記号で答えなさい。[　　　]
　ア　盧溝橋事件　　イ　義和団事件　　ウ　柳条湖事件　　エ　秩父事件
②翌年におこった，政党内閣の時代が終わった事件を何といいますか。
[　　　　　　　　　]

(5) 下線部Dについて，翌年定められた，政府が物資や国民を戦争のために自由に使えることを定めた法律を何といいますか。[　　　　　　　]

 文中の「東アジア」「独立運動」という文言に注目する。

20 第二次世界大戦と戦後の世界

重要ポイント TOP3

農地改革	冷たい戦争(冷戦)	サンフランシスコ平和条約
地主の土地を政府が買い上げ，小作人に安く売り渡す。	米ソを中心とした戦火を交えない対立。	日本がアメリカなど48か国と結んだ平和条約。

1 第二次世界大戦と日本

(1) 第二次世界大戦……ドイツがポーランドに侵攻したこと
　　　　　　　　　　　　　　　　　　　　　　↳1939年
から開戦→日本は**日独伊三国同盟**。

(2) 太平洋戦争……**日ソ中立条約**を結び，日本がハワイの真
　　　　　　　　　　　　　↳1941年　　　↳1940年
珠湾への**奇襲攻撃**とマレー半島への**上陸**を行い，開戦。

(3) 戦況の変化……1942年から連合国軍の反撃が本格化。

(4) 日本の敗戦……1945年，東京大空襲→**沖縄**での地上戦
　↳1945年7月
→**ポツダム宣言**の発表→**広島**への原子爆弾投下→ソ連の
宣戦布告→**長崎**への原子爆弾投下→ポツダム宣言の受諾。
↳日ソ中立条約を破棄　　　　　　　　　　　　無条件降伏↲

2 占領下の日本と世界

(1) 占領下の日本……**GHQ**による**財閥解体**・**農地改革**などの
　　　　　　　　　　　↳連合国軍最高司令総司令部　　↳多くの自作農が生まれる
民主化政策，**日本国憲法**の公布。

(2) 平和と対立……**国際連合**が設立される
　　　　　　　　　　　↳資本主義国と社会主義国の戦火を交えない対立
が，**冷たい戦争(冷戦)**が深刻化→東西
ドイツの分離独立，**朝鮮戦争**の勃発。
↳日本では警察予備隊が創設される

(3) 独立の回復……**サンフランシスコ平和条**
約を結び，日本は独立を回復。同時に**日米安全保障条約**を結ぶ。

▲サンフランシスコ平和条約の調印

3 日本経済と国際関係

(1) 経済の成長……朝鮮特需→1950年代半ばから**高度経済成**
　　　　　　　　　↳大量の軍需物資が日本で調達された
長が始まるが，経済成長優先の結果，**公害問題**が発生。
　　　　　　　　　　　　　　　　　　　　　↳公害対策基本法の制定
1973年の**石油危機**によって高度経済成長は終わる。
↳第四次中東戦争の影響　　　↳ソ連の支持を得て日本は国際連合に加盟

(2) 国交の回復……1956年に**日ソ共同宣言**，1965年に**日韓基**
　　　　　　　　　　↳国交回復
本条約，1972年に**日中共同声明**→1978年に**日中平和友**
　　　　　　　　　↳国交回復
好条約を結び，近隣諸国と国交を結ぶ。
↳経済や文化の面による両国の交流

(3) 冷戦後の世界……冷戦の終結後，ソ連は崩壊，ロシア連邦
　　　　　　　　↳マルタ会談で終結
などが成立。ヨーロッパでは**ヨーロッパ連合(EU)**が設立。

(4) 複雑化する社会……地域紛争やテロの多発→**国連平和維**
持活動(PKO)の展開。
↳日本も1992年より参加

得点アップ

第二次世界大戦と日本

① **独ソ不可侵条約**…ドイツはポーランドに侵攻する前に，背後に位置するソ連と不可侵条約を結び，両国の権益の尊重や勢力範囲などを確認した。

② **戦時下の日本**…徴兵を猶予されていた文科系大学生を召集した学徒出陣，中学生や女学生を工場に動員した勤労動員，都市部の小学生を地方へ避難させる学童疎開。

占領下の日本と世界

① **農地改革による変化**

1940年	自作地 54.5%	小作地 45.5
	小作地9.9↴	
1950年	自作地 89.9%	
		その他0.2↴

（「完結昭和国勢総覧」など）

▲自作地と小作地の割合の変化

② **第三勢力**…アメリカやソ連の両陣営から距離をとる旧植民地の国々。1955年にインドネシアのバンドンで**アジア・アフリカ会議**を開いた。

日本経済と国際関係

① **沖縄返還**…1972年に実現。米軍基地はそのまま残り，現在も沖縄島の面積の約15%が米軍の施設。

② **非核三原則**…核兵器を「もたず・つくらず・もちこませず」が国の方針となる。

サクッと練習

目標時間 10 分
　　　　分

 1 第二次世界大戦について，次の問いに答えなさい。

(1) 第二次世界大戦開戦のきっかけとなった，ドイツが侵攻した国を次から選びなさい。
　　　　　　　　　　　　　　　　　　　　　　　　　　　　　　[　　　　]

　ア　フランス　　イ　オーストリア　　ウ　ポーランド　　エ　イタリア

(2) 右の写真の少女はアンネ＝フランクで，彼女は強制収容所で亡くなっています。彼女が収容された理由を簡単に答えなさい。

[

(3) 日本に無条件降伏を求めた連合国の文書を何といいますか。
　　　　　　　　　　　　　　　　　　　　　[　　　　　　　　]

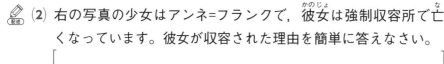

(4) 1945 年の日本の状況を述べた次のできごとをおこった順に並べ替えなさい。　　　[　　　→　　　→　　　→　　　]

　ア　沖縄で地上戦が行われる。　　イ　長崎に原子爆弾が投下される。
　ウ　東京大空襲がおこる。　　　　エ　広島に原子爆弾が投下される。

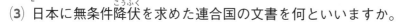

2 占領下の日本と世界の情勢について，次の問いに答えなさい。

(1) 日本を間接統治した連合国軍最高司令官総司令部の略称を答えなさい。
　　　　　　　　　　　　　　　　　　[　　　　　　　　]

(2) 右のグラフのように，自作地の割合が高くなった政策を何といいますか。　　　[　　　　　　　]

1940年	自作地 54.5%	小作地 45.5

小作地┘

1950年	自作地 89.9%	9.9

その他0.2┘
「完結昭和国勢総覧」など

(3) アメリカとソ連を中心とした 2 つの陣営の戦火を交えないきびしい対立を何といいますか。　　　　　　　　　　　　　　[　　　　　　　]

(4) 日本の景気回復のきっかけともなった，1950 年におこった戦争を何といいますか。
　　　　　　　　　　　　　　　　　　　　　　　　　[　　　　　　　]

(5) 右の写真はサンフランシスコ平和条約調印のようすです。この写真について，次の問いに答えなさい。

①このとき，調印を拒否した国を次から選びなさい。
　　　　　　　　　　　　　　[　　　　]

　ア　ソ連　　イ　イギリス　　ウ　フランス　　エ　オランダ

②この条約と同時に結ばれた，占領終結後もアメリカ軍の日本国内の駐留を認める条約を何といいますか。　　　　　　　[　　　　　　　]

 この時期の国際情勢や②の条約で，占領終結後も米軍の日本駐留を日本が認めたことから考える。

年代	おもなできごと
239	邪馬台国の卑弥呼が魏に使いを送る
★	大和政権による統一が進む
607	聖徳太子（厩戸皇子）が小野妹子を隋に送る
★	ムハンマドがイスラム教を開く
645	中大兄皇子らが大化の改新を始める
701	大宝律令が制定される
710	都を平城京に移す
743	墾田永年私財法が出される
★	天平文化が栄える
794	都を平安京に移す
894	遣唐使が停止される
1016	藤原道長が摂政になる
★	国風文化が栄える
1086	白河上皇の院政が始まる
1167	平清盛が武士で初めて太政大臣になる
1185	源頼朝が全国に守護・地頭を配置する
1192	源頼朝が征夷大将軍に任じられる
1221	承久の乱がおこる
1232	御成敗式目（貞永式目）が制定される
1274	文永の役 ┐元寇
1281	弘安の役 ┘
1338	足利尊氏が征夷大将軍に任じられる
1404	足利義満が日明貿易（勘合貿易）を開始
1467	応仁の乱がおこる（〜77）
★	下剋上の風潮が広まる
1492	コロンブスが西インド諸島に到達する
1517	ルターが宗教改革を始める
1549	ザビエルがキリスト教を伝える
1575	織田信長が長篠の戦いで勝利する
1582	太閤検地が始まる
1588	刀狩令が出される
1590	豊臣秀吉が全国を統一する
1600	関ヶ原の戦いがおこる
1603	徳川家康が征夷大将軍に任じられる

▲東大寺の大仏

▲「源氏物語絵巻」

▲豊臣秀吉

年代	おもなできごと
1615	最初の武家諸法度が制定される
1637	島原・天草一揆がおこる（〜38）
★	鎖国体制が固まる
★	元禄文化が栄える
1716	徳川吉宗が享保の改革を始める（〜45）
★	イギリスで産業革命が始まる
1787	松平定信が寛政の改革を始める（〜93）
1789	フランス革命がおこる
★	化政文化が栄える
1840	アヘン戦争が始まる（〜42）
1841	水野忠邦が天保の改革を始める（〜43）
1853	ペリーが浦賀（神奈川県）に来航する
1858	日米修好通商条約が結ばれる
1867	徳川慶喜が大政奉還を行う
1889	大日本帝国憲法が発布される
1894	日清戦争が始まる（〜95）
1904	日露戦争が始まる（〜05）
1914	第一次世界大戦が始まる（〜18）
★	大正デモクラシー
1925	治安維持法・普通選挙法が制定される
1929	世界恐慌がおこる
1931	満州事変がおこる
1937	日中戦争が始まる（〜45）
1939	第二次世界大戦が始まる（〜45）
1941	太平洋戦争が始まる（〜45）
1945	日本がポツダム宣言を受諾する
1946	日本国憲法が公布される
1951	サンフランシスコ平和条約が結ばれる
1956	日本が国際連合に加盟する
★	高度経済成長を迎える
1972	沖縄が返還される，日中共同声明が結ばれる
1991	ソ連が解体される
2003	イラク戦争がおこる
2011	東日本大震災がおこる
2020	新型コロナウイルス感染症が世界中に流行する

▲出島

▲アヘン戦争

中学1・2年の総復習テスト ❶

70点で合格！

⏱ 20分

点

1 右の東京からの距離（きょり）と方位が正しい略地図を見て，問いに答えなさい。なお，緯線（いせん）と経線はいずれも20度間隔（かんかく）です。（38点）　〔岡山一改〕

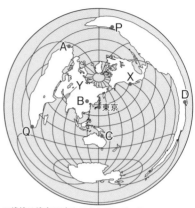

※緯線は緯度80度までをえがいている。

(1) 地図中のA〜Dの都市を，東京からの距離が近いものから順に並べたとき，3番目になるものを1つ選び，記号で答えなさい。（6点）

(2) 地図中の六大陸のうち，3つの大洋に面し，実際の陸地面積が最も大きい大陸名を答えなさい。（6点）

(3) 東京にいる人が，東京の時間で午前5時に，衛星中継（ちゅうけい）で図中の都市Xのようすを生放送で見ることのできることとして最も適当なものを，次のア〜エから1つ選び，記号で答えなさい。なお，標準時の基準となる経線は，東京は東経135度であり，都市Xは西経120度とします。また，サマータイムは考えないものとします。（6点）

ア 朝日を浴びてランニングする人々　　**イ** 真昼に野球をする人々
ウ 夕日の中で飛び立つ飛行機　　　　　**エ** 真夜中に高速道路を走る自動車

(4) 地図中のY国で見られる，右の写真のような，水や草を求めて移動しながら家畜（かちく）を飼育する牧畜名を，漢字2字で答えなさい。（6点）

(5) 右の月別平均気温を表したグラフは，地図中のP，Qのどちらの都市のものですか。あてはまる記号と，そのように判断した理由を簡単に答えなさい。（記号6点，理由8点）

30
(℃)
20
10
気温 0
−10
−20
−30
1　5　9　12月
（2021年版「理科年表」）

(1)	(2)		(3)	(4)	
(5)記号		理由			

2 次の問いに答えなさい。（18点）　〔福岡一改〕

(1) 日本を7地方に区分したときの中部地方と近畿（きんき）地方の境界に接する県のうち，県名と県庁所在地名とが異なるものを1つ選び，その県名を答えなさい。（6点）

(2) 右ページの資料Ⅰ・Ⅱは，地図中のア〜オのいずれかの都市の雨温図です。資料Ⅰ・Ⅱにあてはまる都市を，1つずつ選び，記号で答えなさい。（6点×2）

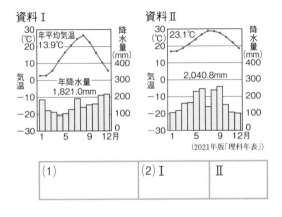

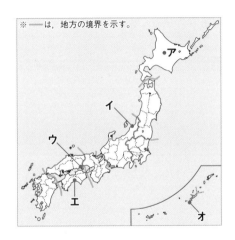

※ ── は，地方の境界を示す。

| (1) | | (2) Ⅰ | | Ⅱ | |

資料Ⅰ 年平均気温 13.9℃ 年降水量 1,821.0mm

資料Ⅱ 23.1℃ 2,040.8mm

(2021年版「理科年表」)

3 次の4枚のカードを見て，あとの問いに答えなさい。(44点)

〔石川一改〕

A 御成敗式目(貞永式目)
北条泰時らによって，武家社会の慣習などがまとめられた。

B 大宝律令
中国の律令にならい，律令国家のしくみが定められた。

C 大日本帝国憲法
伊藤博文らにより制定され，立憲国家のしくみが整った。

D 武家諸法度
幕府によって，諸大名が守るべき義務が定められた。

(1) Aについて，次の問いに答えなさい。

①御成敗式目を定めた北条泰時がついていた役職を答えなさい。(6点)

②御成敗式目で，「犯罪人を取りしまること」が職務の1つに定められているものを，次のア〜エから1つ選び，記号で答えなさい。(6点)

ア 管領　イ 国司　ウ 防人　エ 守護

(2) Bについて，大宝律令が定められたころの中国の国名を答えなさい。(8点)

(3) Cについて，大日本帝国憲法では，臣民(国民)の，言論・出版・集会・結社などの自由は，どのようにあつかわれていたか，簡単に答えなさい。(8点)

(4) Dについて，資料Ⅰの武家諸法度は，資料Ⅱの狂歌のあと資料Ⅲに変更されました。変更理由を，資料Ⅰのきまりの目的をふくめて簡単に答えなさい。(8点)

資料Ⅰ
五百石積み以上の大船をつくってはいけない。ただし，商船はのぞく。

資料Ⅱ
泰平の眠りをさます上喜撰たった四はいで夜も眠れず

資料Ⅲ
商船以外の大船は法令で禁止していたが，今後は諸大名が大船をつくることを許可する。

(5) A〜Dの4枚のカードを，時代の古いものから順に並べ，記号で答えなさい。(8点)

(1)①		②	(2)	(3)
(4)				
			(5) → → →	

中学1・2年の総復習テスト ❷

⏱20分

70点で合格！
　　　点

1

次の問いに答えなさい。(25点)　　　　　　　　　　〔福井一改〕

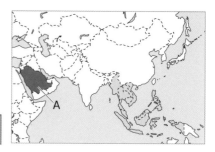

(1) 地図中のA国について述べた次の文中の，
　　 a ， b にあてはまる語句をそれぞれ答
　　えなさい。(6点×2)

> 国民の多くは a 教を信仰し，b 肉を食べない。

(2) 地図中の▨▨▨の国々で構成される，地域協力を目的とした組織を，次から1つ
　　選び，記号で答えなさい。(6点)

　　ア APEC　　イ ASEAN　　ウ EU　　エ OPEC
　　　エイペック　　　アセアン　　　　　　　　オペック

(3) 右の資料は，ある農産物の生産量と輸出量
　　の順位を示したものです。 B ～ D
　　にあてはまる語句の組み合わせを，次から
　　1つ選び，記号で答えなさい。(7点)

　　ア B－米　　C－生産　　D－輸出
　　イ B－米　　C－輸出　　D－生産
　　ウ B－小麦　C－生産　　D－輸出
　　エ B－小麦　C－輸出　　D－生産

B に関する統計		
順位	C 量(2018年)	D 量(2017年)
1位	中国	インド
2位	インド	タイ
3位	インドネシア	ベトナム
4位	バングラデシュ	アメリカ合衆国
5位	ベトナム	パキスタン

(2020/21年版「日本国勢図会」)

(1)a		b	(2)	(3)

2

次の問いに答えなさい。(20点)　　　　　　　　　　〔群馬一改〕

(1) 地図中のAは，冷害をもたらすことがある夏に吹く北東の風，
　　Bは，のこぎりの歯のような複雑な海岸線となっている地域
　　を示しています。それぞれの名称を答えなさい。(5点×2)

Aの風向き

Bの見られる地域

(2) 資料ⅠはIC関連工場の分布，資料Ⅱは高速道路網と空港の
　　位置をそれぞれ示しています。2つの資料からわかる，IC
　　関連工場の分布の特徴を簡単に答えなさい。(10点)

(1)A	B
(2)	

資料Ⅰ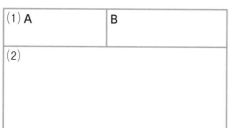

●おもなIC関連工場

(2019年版「半導体工場ハンドブック」)

資料Ⅱ

── 高速道路　　▲ 空港

3 次の資料を見て，あとの問いに答えなさい。(55点)

〔北海道一改〕

資料A

東大寺南大門には，運慶らによってつくられたa金剛力士像があります。

資料B

慈照寺銀閣には，足利義政の書斎として使われた，b東求堂同仁斎があります。

資料C

日光東照宮には，c江戸幕府を開いた徳川家康がまつられています。

資料D

原爆ドームは，d第二次世界大戦で，原子爆弾が，投下，爆発した真下にありました。

(1) 下線部aがつくられた鎌倉時代に新しい仏教の宗派を広めた人物をⅠ群から，また，この人物が行ったことを，Ⅱ群から1つずつ選び，記号で答えなさい。(5点×2)

Ⅰ群　ア　行基　イ　最澄　ウ　一遍　エ　鑑真

Ⅱ群　カ　時宗を開き，踊念仏によって教えを広めた。

　　　キ　「南無妙法蓮華経」と唱えれば，人も国も救われるという教えを広めた。

　　　ク　比叡山の延暦寺を中心として，天台宗を広めた。

　　　ケ　禅宗を伝え，座禅によってさとりを開こうとする教えを広めた。

(2) 下線部bに見られる，畳敷きや床の間などの特徴をもつ日本独特の建築様式を，漢字3字で答えなさい。(5点)

(3) 下線部cが行ったことを次から3つ選び，年代の古い順に並べなさい。(10点)

　　ア　明から与えられた勘合という合い札を用いて貿易を始めた。

　　イ　平戸にあったオランダ商館を長崎の出島に移した。

　　ウ　キリスト教の禁止を徹底するため，スペイン船の来航を禁止した。

　　エ　日本に近づく外国の船が増えたため，異国船(外国船)打払令を出した。

　　オ　琉球の漁民が殺される事件がおこり，台湾に出兵した。

(4) 下線部dの後の1946年の衆議院議員選挙における有権者の割合は，右の資料に示すように，1942年の割合と異なっています。その理由を，選挙権が与えられた年齢と性別の違いがわかるように，簡単に答えなさい。(10点)

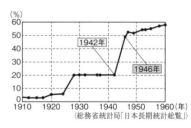

(総務省統計局「日本長期統計総覧」)

(5) 資料A～Dの建物がある位置を，それぞれ略地図のア～エから選び，記号で答えなさい。(5点×4)

(1)Ⅰ群	Ⅱ群	(2)
(3)　　　　　→　　　　　→		(4)
	(5)A　　　B　　　C　　　D	

中学1・2年の総復習テスト ③

⏱30分　70点で合格！　　点

1 右の地図を見て，次の問いに答えなさい。(30点)

(1) 右下の資料Ⅰは，地図中のA～Dで示したいずれかの都市の雨温図です。それぞれの都市にあてはまるものを，資料Ⅰから1つずつ選び，記号で答えなさい。

(3点×4)〔高知一改〕

(2) 地図中の⬤で示したXの地域で盛んな，小麦などの穀物栽培と，家畜の飼育を組み合わせた農業を何といいますか。(3点)　〔高知一改〕

(3) 地図中のオーストラリアに▲と■で示した鉱産資源を，次から1つずつ選び，記号で答えなさい。(3点×2)　〔沖縄一改〕

ア 石油　**イ** ボーキサイト
ウ 石炭　**エ** 鉄鉱石

(4) 地図中のアメリカ合衆国について，問いに答えなさい。

①この国には，メキシコなどのスペイン語を話す国々からの移民が多くくらしています。この移民を何といいますか。(3点)

②資料Ⅱは，ある農産物の生産額上位5州を示しています。この農産物を，次から1つ選び，記号で答えなさい。(3点)　〔沖縄〕

ア 大豆　**イ** 綿花
ウ 小麦　**エ** とうもろこし

③アメリカ合衆国とカナダ，メキシコで，貿易や投資の自由化を進めるために締結した協定を，次から1つ選びなさい。(3点)　〔兵庫〕

ア ASEAN　**イ** USMCA　**ウ** EU　**エ** APEC

資料Ⅰ

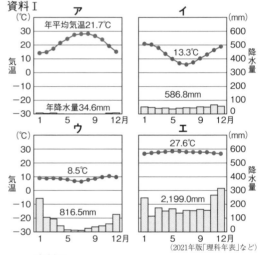

ア 年平均気温21.7℃　年降水量34.6mm
イ 13.3℃　586.8mm
ウ 8.5℃　816.5mm
エ 27.6℃　2,199.0mm

(2021年版「理科年表」など)

資料Ⅱ

(2021年版「データブック オブ・ザ・ワールド」)

(1)A	B	C	D	(2)	(3)▲	■
(4)①		②	③			

2 次の問いに答えなさい。(20点)

(1) 地図中のX県では，江戸時代以前からつくられていた，ため池が多く見られます。ため池がつくられた目的を，この地域の気候の特色をふくめて簡単に答えなさい。(4点) 〔石川〕

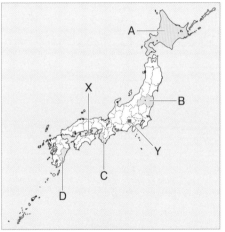

(2) じゃがいも，たまねぎなどの生産量が全国で最も多く，砂糖をとるてんさいの生産量は全国の生産量の100％を占めている都道府県を，地図中のA〜Dから1つ選び，記号で答えなさい。(3点) 〔高知一改〕

(3) 地図中のYは，甲府盆地を示しています。これについて，問いに答えなさい。〔高知一改〕

①甲府盆地がある県と接する県を，次から1つ選び，記号で答えなさい。(3点)

　ア　新潟県　　イ　栃木県

　ウ　長野県　　エ　岐阜県

(国土地理院平成18年発行2万5千分の1地形図「石和」)

②右の資料は甲府盆地の地形図です。ここに見られる特徴的な地形を，次から1つ選び，記号で答えなさい。(3点)

　ア　扇状地　　イ　三角州　　ウ　台地　　エ　カルデラ

③地形図中のZの⌒が示す地図記号の意味を，次から1つ選びなさい。(3点)

　ア　広葉樹林　　イ　水準点　　ウ　高等学校　　エ　果樹園

(4) 右の資料から，東京都だけ夜間の人口に比べて昼間の人口が多い理由として考えられることを，「住宅地の平均価格」「大学数」「事業所数」の3語を使って，60字以上80字以内で答えなさい。(4点) 〔高知一改〕

	昼間の人口（千人）（2015年）	夜間の人口（千人）（2015年）	住宅地の平均価格（千円/m²）（2020年）	大学数（校）（2019年）	事業所数（社）（2016年）
東京都	15,920	13,515	378.1	140	685,615
神奈川県	8,323	9,126	179.3	30	307,269
千葉県	5,582	6,223	75.6	27	196,579
埼玉県	6,456	7,267	113.7	28	250,834

(2021年版「データでみる県勢」)

(1)					
(2)	(3)①	②	③	(4)	

3 右のカードは，わが国の19世紀までの，古代から近代にかけての各時代のおもなできごとについてまとめたものです。次の問いに答えなさい。(30点) 〔福岡─改〕

A	B
○ X貴族による政治	○ 参勤交代の制度化
○ （ a ）	○ （ b ）
○ 仏教と唐の文化の影響を受けた文化が栄えた	○ 上方中心の町人文化が繁栄した

C	D
○ 守護大名の誕生	○ 廃藩置県の実施
○ （ c ）	○ （ d ）
○ 禅宗の影響を受けた文化がうまれた	○ 西洋風の生活様式の文化が広まった

(1) AとDのカードに最も関係する人物を，それぞれ次から1つ選びなさい。(5点×2)

　　ア　足利義政　　イ　木戸孝允
　　ウ　北条時宗　　エ　聖武天皇

(2) 下線部Xについて，貴族の藤原氏がこの時代のあとに朝廷の実権を握ることができた理由の1つを，「娘」の語句を使って答えなさい。(10点)

(3) カードの（ a ）～（ d ）には，各時代のようすがあてはまります。（ c ）にあてはまるものを，次から1つ選び，記号で答えなさい。(5点)

　　ア　馬借などの運送業者が，陸上の輸送で活躍した。
　　イ　五街道や水上交通を利用し，商人による経済活動が活発になった。
　　ウ　土地所有者は地券を与えられ，地租を貨幣で納めた。
　　エ　地方から調・庸などの税が，都まで運ばれた。

(4) A～Dのカードを時代の古い順に並べたとき，3番目になるものを選び，記号で答えなさい。(5点)

(1)A	D	(2)	
		(3)	(4)

4 右の年表を見て，次の問いに答えなさい。(20点) 〔香川─改〕

年代	できごと	
1914年	第一次世界大戦が始まる	A
1920年	国際連盟が発足する	B
1929年	世界恐慌がおこる	C
1937年	日中戦争が始まる	D
1945年	ポツダム宣言が受諾される	

(1) 日本が中華民国に対して二十一か条の要求を出した時期を，年表中のA～Dから1つ選び，記号で答えなさい。(7点)

(2) 下線部の際，イギリスやフランスは，本国と植民地との貿易を拡大し，その他の国からの輸入品には，かける税を□□□するブロック経済を行った。□□□にあてはまる語句を答えなさい。(6点)

(3) 1960年以降のできごとではないものを，次から1つ選び，記号で答えなさい。(7点)

　　ア　東京オリンピックが開催される。　　イ　公害対策基本法が制定される。
　　ウ　財閥解体が行われる。　　　　　　　エ　石油危機(オイル・ショック)がおこる。

(1)	(2)	(3)

○ **Q1** 六大陸の中で最大の、地図中のXの大陸は？

[用語]
大陸…地球上の大きな陸地。

○ **Q2** 地図中のXで示した0度の経線は？

[用語]
経線…北極点と南極点を結ぶ線。0度の経線を基準に東西180度ずつに分ける。

○ **Q3** 中心からの距離や方位が正しい下の地図の図法は？

[着眼点]
「距離と方位が正しい」という表現に注意する。

○ **Q4** 地図中のXの範囲を何という？

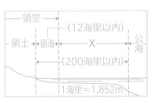

[着眼点]
領海をのぞく沿岸から200海里（約370km）以内の範囲である。

○ **Q5** 地図中の東京とニューヨークの時差は？

[用語]
時差…世界の時刻の差。経度15度で1時間の時差。

○ **Q6** メッカに向かってお祈りする宗教は？

[着眼点]
メッカはサウジアラビアにあり，西アジアやアフリカ北部を中心に信仰されている。

○ **Q7** 地図中の■で示した地域の気候帯は？

[着眼点]
日本の大部分があてはまる気候帯。

○ **Q8** 地図中の★の外国企業を受け入れやすくした5つの都市や地域を何という？

[着眼点]
中国の沿岸部に集中している。

○ **Q9** 地図中の■の国々で構成される組織は？

[着眼点]
東南アジアの10か国を示している。
(2021年3月現在)

○ **Q10** 地図中の■の国々が加盟している組織は？

(2021年3月現在)

[着眼点]
西ヨーロッパを中心に発足。現在は東ヨーロッパの加盟国も多い。

○ **Q11** 図のような1つの鉱産資源や農産物の輸出にたよる経済を何という？

ザンビアの輸出品目割合
その他 19
機械類 2
印刷物 2
無機化合物 2
91億ドル
銅 75%
(2018年)
(2020/21年版「世界国勢図会」)

[着眼点]
輸出のほとんどを銅にたよっている。

A1 ユーラシア大陸

ワンポイント
- 名称は、ヨーロッパとアジアに由来している。
- ウラル山脈を境に、ヨーロッパ州とアジア州に分かれる。
- オーストラリア大陸より小さい面積の陸地が「島」。

A3 正距方位図法

ワンポイント
- 中心と他の1点との、距離と方位が正確である。
- 日本の真東は、アルゼンチン沿岸部になる。

A2 本初子午線

ワンポイント
- イギリスの首都ロンドンにあったグリニッジ天文台を通る経線で、東側を東経、西側を西経という。
- すべての経線は一周約4万kmである。

A5 14時間

ワンポイント
- 東京（日本）の標準時子午線は東経135度のため、2地点の経度差は135+75=210から210度あり、210÷15=14から時差は14時間あることになる。

A4 排他的経済水域

ワンポイント
- 排他的経済水域では、沿岸国のみが水産資源や鉱産資源を管理することができる。

A7 温帯

ワンポイント
- 日本は北海道や南西諸島以外の地域は温帯に属する。
- 温帯気候は、温暖湿潤気候、地中海性気候、西岸海洋性気候などに分けられる。

A6 イスラム教

ワンポイント
- ムハンマド（マホメット）が開いた宗教。
- コーランを教典とする。
- 「1か月間、日の出から日没までの断食を行う」「豚肉を食べない」などの決まりがある。

A9 東南アジア諸国連合

ワンポイント
- 経済的な関係を深め、政治の安定や文化の発展などもめざした組織。略称はASEAN。
- 本部はインドネシアの首都ジャカルタにある。

A8 経済特区(経済特別区)

ワンポイント
- 経済特区とは、税金などを優遇し、外国企業を誘致している5つの地域で、シェンチェン、アモイなどがある。
- ホンコンはふくまれない。

A11 モノカルチャー経済

ワンポイント
- 特定の鉱産資源や農産物の輸出による経済。
- アフリカや南アメリカで多くみられ、天候や景気によって経済が不安定になりがちである。

A10 ヨーロッパ連合(EU)

ワンポイント
- 政治や経済の面での結びつきをめざす組織。
- 共通通貨のユーロが、加盟国の多くの国で流通している。
- 加盟国間の経済格差が問題となっている。
- 2020年にイギリスが離脱した。

A13 アマゾン川

ワンポイント
- 流域面積は約700万km²で、日本の国土面積(約38万km²)の約18倍である。
- 河口付近を赤道が通る。

A12 適地適作

ワンポイント
- 西経100度と重なるプレーリーで、小麦栽培が盛んである。
- 降水量の少ない地域は、放牧が中心である。
- 五大湖周辺は寒冷なため、酪農が行われている。

A15 扇状地(せんじょうち)

ワンポイント
- 水はけが良いため、果樹園(かじゅえん)などに利用されている。
- 川が海などに出て、土砂が積もった地形は三角州(さんかくす)で、平らなため農地や住宅地などに利用される。

A14 1km

ワンポイント
- 10mごとの等高線(とうこうせん)から2万5千分の1地形図である。5万分の1なら、等高線の間隔(かんかく)は20mごとである。
- 実際の距離(きょり)=地形図上の長さ×25,000(縮尺の分母)で求める。

A17 シラス台地

ワンポイント
- 水持ちが悪いため稲作(いなさく)に向かず、茶やさつまいもの栽培(さいばい)や、豚(ぶた)や肉牛、にわとりなどの畜産(ちくさん)が盛(さか)んに行われている。
- 台風などで土砂崩れ(どしゃくず)がおこることもある。

A16 環太平洋造山帯(かん)

ワンポイント
- 火山活動が活発で、高く険しい山脈が連なり、アンデス山脈やロッキー山脈、日本列島などが属する。
- **アルプス・ヒマラヤ造山帯**と間違えない(まちが)ように注意。

A19 世界遺産

ワンポイント
- 近畿地方には多くの古墳や奈良県の平城京(へいじょうきょう)、京都府の平安京(へいあんきょう)などの古都があり、歴史が古く、世界文化遺産が多くある。

A18 促成栽培(そくせい)

ワンポイント
- ビニールハウスなどを利用し、他の地域がまだ栽培・出荷(はんばい)できない時期に販売する。
- 宮崎平野、高知平野ではきゅうり・ピーマンなどの生産量が多い。

A21 関東平野

ワンポイント
- 流域面積が日本最大の利根川(とね)が、中央部を流れている。
- 平野部を中心に、関東地方には日本の総人口の約3分の1が住んでいる(2019年)。

A20 中京工業地帯(ちゅうきょう)

ワンポイント
- **太平洋ベルト**にふくまれる、日本最大の工業出荷額(しゅっかがく)(2017年)の工業地帯。愛知県豊田市の自動車工業や、三重県四日市市(かいち)の石油化学コンビナートでの化学工業(よう)などが中心。

A23 酪農(らくのう)

ワンポイント
- 乳牛を飼い、生乳やバター、チーズなどをつくる。
- 1973年に新酪農村がつくられ、日本を代表する酪農地域になった。

A22 リアス海岸

ワンポイント
- 谷の部分に海水が入りこんでできた海岸で、若狭湾(わかさわん)や志摩半島(しま)などでも見られる。
- 養殖(ようしょく)が盛(さか)んで、漁港としても発展している。

○ **Q.12** 自然環境に適した農作物を栽培することを何という？

[着眼点]
西経100度を境にして，降水量が大きく異なっている。

○ **Q.13** 流域面積が世界最大の地図中のXの川は？

[用語]
流域面積…川へ流れこむ水が集まってくる範囲の面積。

○ **Q.14** 次の地形図中で4cmは，実際は何km？

[着眼点]
300mと350mの間に等高線が4本あることから，縮尺を読みとる。

○ **Q.15** 地形図中のXの地形は？

[着眼点]
川が山間部から平地に出たところに，土砂が積もってできた地形である。

○ **Q.16** 地図中のXの造山帯は？

[着眼点]
太平洋を取り囲むように連なり，帯状になっている。

○ **Q.17** 地図中の▨▨▨▨に広がる，火山の噴出物が積もった台地は？

[着眼点]
桜島(御岳)などの火山の噴火による灰などが積もっている。

○ **Q.18** 地図中の▨▨▨▨の平野で盛んな，出荷時期を早める栽培方法は？

[着眼点]
冬でも温暖な気候を利用する。

○ **Q.19** 地図中の•が示す自然や文化財は何に登録されている？

(おもなもののみ)

[着眼点]
近畿地方に多くあり，法隆寺や姫路城もふくまれる。

○ **Q.20** 地図中の名古屋市を中心とする工業地帯は？

[着眼点]
愛知県から三重県や岐阜県に広がっている。

○ **Q.21** 関東ロームにおおわれている，面積が日本最大の地図中の▨▨▨▨の平野は？

[用語]
関東ローム…富士山や浅間山などの噴火による，火山灰が積もった赤土。

○ **Q.22** 三陸海岸で見られる，複雑に入り組んだ海岸は？

[用語]
三陸海岸…青森県・岩手県・宮城県にかけて連なる海岸である。

○ **Q.23** 根釧台地で盛んな農業は？

[着眼点]
根釧台地は火山灰土であり，また夏には濃霧が発生し，低温になる。

○ **Q24** 中国文明で,うらないを行うときに使用した次の文字は?

着眼点
文字は亀の甲や,牛や鹿の骨に刻まれていた。

○ **Q25** 写真のような,3世紀後半から6世紀末ごろまでにつくられた王や豪族の墓とは?

用語
豪族…その地域で勢力を持つ一族。

○ **Q26** 推古天皇の摂政として政治改革を行った,絵の人物は?

用語
摂政…天皇が女性や子どもの場合,代理で政治を行う役職。

○ **Q27** 遣唐使の持ち帰った品などをおさめた,写真の建築物は?

用語
遣唐使…唐の進んだ文化や制度を取り入れるために派遣された使節。

○ **Q28** 写真の平等院鳳凰堂がつくられたころ,貴族の間で盛んであった信仰は?

着眼点
平等院鳳凰堂は阿弥陀仏をまつる建物である。

○ **Q29** 源頼朝が幕府を置いた,写真の場所は?

用語
幕府…武家政権のことである。

○ **Q30** 絵の元寇のころ政治の実権を握っていた,北条時宗がついていた幕府の役職は?

着眼点
元寇のころの幕府は鎌倉幕府。

○ **Q31** 倭寇と正式な貿易船を区別するため,次のような証明書を用いた貿易は?

用語
倭寇…西日本の武士や漁民が武装し,中国や朝鮮半島沿岸を荒らしていた。

○ **Q32** 1467年に始まり,京都で11年にわたって行われた戦乱は?

着眼点
将軍のあとつぎ争いや守護大名の勢力争いが原因。右の図は対立関係を表している。

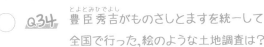

将軍家
足利義尚 ⇔ 足利義視
山名持豊 対立 細川勝元
(宗全)
【西軍】 【東軍】

○ **Q33** 古代ギリシャやローマ文化の復興をめざした動きを何という?

着眼点
古代ギリシャやローマ文化は,キリスト教の影響を受ける以前の文化。
(※絵は「モナ=リザ」)

○ **Q34** 豊臣秀吉がものさしとますを統一して全国で行った,絵のような土地調査は?

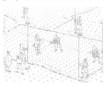

着眼点
百姓は田畑を耕作する権利を認められたが,年貢を納める義務を負った。(※絵は想像図)

○ **Q35** 参勤交代を定めた,江戸時代の大名を統制する法律は?

用語
参勤交代…大名が江戸と領地に一年おきに住む制度。
(※絵は大名行列のようす)

A25 古墳

ワンポイント
- 王や豪族は、権力を示すために、巨大な墓をつくった。
- **前方後円墳**は、奈良盆地を中心とした地域や関東地方, 九州地方に集中している。

A24 甲骨文字

ワンポイント
- 漢字のもとになった。
- 中国文明では重要なことはうらないで決められ, その結果は亀の甲や牛や鹿の骨に刻んで記録された。

A27 (東大寺)正倉院

ワンポイント
- 天平文化を代表する建築物で, 聖武天皇の遺品などもおさめられていた。
- 三角形の木材を組み合わせた校倉造でつくられている。

A26 聖徳太子(厩戸皇子)

ワンポイント
- **十七条の憲法**や**冠位十二階**を定め, 天皇中心の政治体制を確立しようとした。
- 仏教の信仰があつく, **法隆寺**を建てた。

A29 鎌倉

ワンポイント
- 海に面した鎌倉は, 三方を山に囲まれており, 守りやすく攻めにくい地形であった。
- 源氏は東日本を拠点として勢力を広げた。

A28 浄土信仰

ワンポイント
- 平等院鳳凰堂は**藤原頼通**が宇治(京都府)に建てた。
- 浄土信仰は, 念仏を唱えて阿弥陀仏にすがり, 死語に極楽浄土に生まれ変わろうという信仰。

A31 勘合貿易

ワンポイント
- 明の皇帝から倭寇の取りしまりを求められた**足利義満**が始めた朝貢貿易。**日明貿易**ともいう。
- 大量の銅銭が日本に輸入された。

A30 執権

ワンポイント
- 源氏の直系は3代で滅び, 政治の実権を握ったのは, 源頼朝の妻・政子の一族である北条氏であった。
- 北条時宗は8代執権であった。

A33 ルネサンス(文芸復興)

ワンポイント
- 十字軍の遠征をきっかけに, イスラム文化や古代ギリシャ・ローマ文化への関心が高まった。文芸復興ともいう。
- 芸術だけでなく科学技術の分野にも影響を与えた。

A32 応仁の乱

ワンポイント
- 応仁の乱のあと, 室町幕府は力を失い, 実力で下の身分の者が上の身分の者にうち勝つ**下剋上**の風潮が広まった。

A35 武家諸法度

ワンポイント
- **参勤交代**は江戸幕府3代将軍徳川家光が制度化した。
- 江戸での生活や江戸と領地の往復のための大名行列の費用は, 藩の財政を圧迫した。

A34 太閤検地

ワンポイント
- 統一したものさしとますで, 全国の土地の面積と収穫量を石高で表し, 検地帳に記録した。
- **太閤検地**と**刀狩**によって, **兵農分離**が進んだ。

A37 百姓一揆

ワンポイント

・一揆の指導者を処刑するなど、幕府も藩もきびしい対応をしたが、発生件数は増加した。
・都市で米屋を襲った暴動は**打ちこわし**という。

A36 踏絵

ワンポイント

・江戸幕府はキリスト教の信者を見つけ出すために、踏絵を役人の前で踏ませた。これを**絵踏**という。

A39 人権宣言

ワンポイント

・身分の特権を廃止し、国民主権や人間の自由と平等などを主張した内容であった。
・ルソーの『社会契約論』などの影響を受けている。

A38 蘭学

ワンポイント

・江戸幕府8代将軍の**徳川吉宗**がキリスト教に関係のないヨーロッパの書物の輸入を認めたことから発達した。

A41 文明開化

ワンポイント

・近代国家をめざし、積極的に欧米の文化や生活様式が取り入れられた。
・農村では、伝統的な習慣が残っているところが多かった。

A40 ペリー

ワンポイント

・アメリカ大統領の国書を持ったペリーは強く開国を要求した。
・1854年、幕府は**日米和親条約**を結び、鎖国体制は終わった。

A43 日清戦争

ワンポイント

・朝鮮でおこった**甲午農民戦争**をきっかけに始まった。
・**下関条約**で日本が獲得した**遼東半島**は、のちにロシア・ドイツ・フランスによる**三国干渉**で清に返還された。

A42 自由民権運動

ワンポイント

・**板垣退助**らが中心となって行った、国民の政治参加を要求する運動。
・政府は国会開設の勅諭を出し、国会開設を約束した。

A45 世界恐慌

ワンポイント

・アメリカは**ニューディール**（新規まき直し）、イギリスやフランスは**ブロック経済**によって、景気回復をはかった。
・ドイツ・イタリアでは**ファシズム**が台頭した。

A44 米騒動

ワンポイント

・富山県の主婦たちによる米の安売り要求から始まった。
・騒動の責任を取って内閣が退陣した後、立憲政友会総裁の**原敬**が、初の本格的な政党内閣を組織した。

A47 冷戦の終結

ワンポイント

・冷戦（冷たい戦争）とは、アメリカを中心とする西側諸国とソ連を中心とする東側諸国の、戦火を交えない深刻な対立状態。
・冷戦終結後の1991年にソ連は解体。

A46 広島市

ワンポイント

・1945年8月6日、原子爆弾（原爆）が投下された。8月9日には、長崎市にも原子爆弾が投下された。

○ **Q36** 江戸幕府がキリスト教信者を見つけ出すために用いた次の写真の道具は？

着眼点
キリストの像が彫られている。

○ **Q37** 百姓が、年貢の軽減などを求めておこした行動は？

着眼点
右は、だれが中心かわからないように、円の形で署名した、からかさ連判状。

○ **Q38** 杉田玄白らが『解体新書』を出版したことで基礎を築いた学問は？

用語
『解体新書』…ヨーロッパの解剖学の本を翻訳した本。
（※絵は『解体新書』の扉絵）

○ **Q39** フランス革命で発表された宣言は？

着眼点
右の絵は革命前のようすを表しており、平民の上に乗っているのは、貴族と僧である。

○ **Q40** 幕末に軍艦を率いて、浦賀（神奈川県）に来航したアメリカ人は？

着眼点
煙突が見える船は、蒸気船。
（※絵は1854年に来航したときの黒船）

○ **Q41** 都市を中心に欧米の文化を取り入れて、生活が変化したことを何という？

着眼点
右の絵には、洋服姿の人や、人力車、ガス灯などが見える。

○ **Q42** 藩閥政治を批判し、国会開設をめざした運動は？

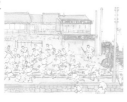

用語
藩閥政治…薩摩・長州・土佐・肥前の4藩の出身者が政治の実権を独占。
（※絵は演説会のようす）

○ **Q43** 次の絵が表す国際情勢は、何という戦争の前？

着眼点
3人がねらう魚は朝鮮を表している。

○ **Q44** シベリア出兵をみこした米の買い占めが原因で全国でおこった暴動は？

用語
シベリア出兵…ロシア革命への干渉戦争。

○ **Q45** ニューヨークの株式市場（写真）での株価の大暴落から始まった不景気とは？

用語
不景気…経済活動が停滞し、生産や消費がにぶる状況。

○ **Q46** 世界で初めて原子爆弾（原爆）が投下された都市は？

着眼点
爆心地にある原爆ドーム（右の写真）は、世界遺産に登録されている。

○ **Q47** 1989年にマルタ会談（写真）で米ソ首脳が宣言したことは？

着眼点
ベルリンの壁は28年間、ベルリンを東西に隔てていた。

中1・2の社会
解答編

1 世界と日本のすがた

本文 p.2

1 (1)本初子午線

(2)Y…オーストラリア Z…太平洋

(3)中国…アジア Y…オセアニア

(4)P点…北緯（ほくい）30度，東経60度

Q点…南緯30度，西経120度

(5)(例)国土の周りがすべて海に面していない国である。

2 (1)ウ

(2)南端…沖ノ鳥島（おきのとりしま） 北端…択捉島（えとろふとう）

(3)12月31日午後11(23)時

(4)カイロ・ブエノスアイレス

解説

1 (2)オーストラリア大陸は，6つの大陸のうちで最小の大陸である。

(3)6つの州とは，**アジア州**，**ヨーロッパ州**，ア

フリカ州，北アメリカ州，南アメリカ州，オセアニア州である。

(4)赤道より北が北緯，南が南緯，本初子午線から東が東経，西が西経となる。

(5)3か国とも，国土の周りがすべて海に面していない**内陸国**であることを読みとる。

2 (2)日本の東端が南鳥島，南端が**沖ノ鳥島**であることに注意。沖ノ鳥島は，周囲に広がる約40万km²の**排他的経済水域**（はいた）を守るため，巨額（きょがく）の費用をかけて護岸工事が行われた。

(3)日本の標準時子午線（しごせん）は東経135度，ロンドン（ほんしょ）は本初子午線(経度0度)が標準時子午線なので，経度差は135度。135÷15＝9 から，時差は9時間である。日本の方が日付変更線（へんこう）に近いので時刻が進んでいる。よってロンドンは日本より9時間（じかん）遅い（おそ）時間となる。

> **POINT** 距離（きょり）や方位（ほうい）を問う問題では，正距方（せいきょ）位図法の地図を見ること。緯線と経線が直角に交わった，メルカトル図法の地図は正しくない。

2 世界の人々の生活と環境

本文 p.4

1 (1)D

(2)ラパス…ウ

ブエノスアイレス…カ

ロンドン…ク ローマ…イ

カイロ…エ モスクワ…オ

シンガポール…キ バンコク…ア

(3)(例)高温多雨のため，床（ゆか）を高くして風通しをよくし，床下に湿気（しっけ）がこもらないようにしている。

2 X…キリスト教 Y…仏教

Z…イスラム教

解説

1 (1)針葉樹林の**タイガ**は，冷帯（あ）(亜寒帯)に広がる森林である。

(2)ラパスは，アンデス山脈にある都市で**高山気**

候なので**ウ**。ブエノスアイレスは南半球にあるので，季節が北半球と逆になるため，6月から8月に気温が低い**カ**（温暖湿潤気候（しつじゅん））。ロンドンとローマはともに温帯であり，年間を通して雨が平均的にある**ク**がロンドン（**西岸海洋性気候**），夏に降水量が少ない**イ**がローマ（**地中海性気候**（ちちゅうかい））。カイロは砂漠（さばく）地域にあるので，雨が極端（きょくたん）に少ない**エ**。モスクワは，冬の気温が低い冷帯(亜寒帯)にあるので**オ**。シンガポールは赤道に近いため，一年中高温多雨である**キ**（**熱帯雨林気候**），バンコクは雨季（かんき）と乾季があるので**ア**（**サバナ気候**）。

2 キリスト教は，ヨーロッパや南北アメリカ中心，仏教は東アジアや東南アジア中心，イスラム教は西アジアやアフリカ北部と，最多の信者のいるインドネシアで信仰（しんこう）されている。

> **POINT** 雨温図は，気候の名称（めいしょう）と地球上での位置，気温と降水量の特色を，しっかりと理解しておくことが重要である。

3 世界の諸地域 ①

本文 p.6

1 (1)X…黄河（ホワンホー） Y…チベット高原
(2)東北（とうほく）・華北（かほく）…とうもろこし・小麦
華中（かちゅう）・華南（かなん）…米・茶
(3)(例)内陸部は所得が低く，沿岸部に所得の高い地域が多い。
(4)①漢民族（族）（かん） ②経済特区

2 (1)ウ (2)季節風（モンスーン）
(3)仏教 (4)ASEAN（アセアン）

［解 説］

1 (2)北部は，気温が低く降水量が少ないので，小麦やとうもろこし，大豆など，南部は，気温が高く降水量が多いので，米や綿花，茶など，さらに南部のチュー川流域では米の**二期作**が行われている。
(3)人口や工業都市は沿岸部に多く，内陸部は少ない。
(4)①残りの約１割に，55の少数民族がふくまれる。②シェンチェン，アモイ，チューハイ，スワトウ，ハイナン島の**経済特区**のほかに，シャンハイ，テンチンなどの経済技術開発区でも工業が盛（さか）んである。

2 (1)東南アジアで赤道は，シンガポールの南，インドネシアのスマトラ島の中央部などを通る。
(2)地図中の風は夏の**季節風**（モンスーン）。冬は大陸から海洋へ向かって吹（ふ）く。
(3)インドシナ半島の国々は仏教，マレーシアやインドネシアはイスラム教，フィリピンはキリスト教をおもに信仰（しんこう）している。なお，インドネシアは，イスラム教を信仰する国のなかで，最も人口が多い国である。

［POINT］ 東南アジア，アフリカ大陸，南アメリカ大陸など，赤道が通る位置を正確に理解しておくこと。

4 世界の諸地域 ②

本文 p.8

1 (1)X…アルプス山脈 Y…ライン川
(2)偏西風（へんせいふう）
(3)①カトリック
②(例)小麦などの穀物栽培（さいばい）と，牛や豚（ぶた）などの家畜（かちく）の飼育を組み合わせた農業。
(4)エ

2 (1)イ
(2)モノカルチャー経済
(3)アパルトヘイト

［解 説］

1 (1)Y…ライン川やドナウ川は，いずれの国の船舶（せんぱく）も航行が自由である。このような川は**国際河川**と呼ばれる。
(2)ヨーロッパ諸国は全体として，比較的高緯度（ひかくてきこういど）に位置する国が多く，同じ緯度のロシアやカナダは冷帯（亜寒帯）（あ）や寒帯に属しているが，**偏西風**と**北大西洋海流**により，寒さがやわらげられている。
(4)ア…ロシアは加盟していない。イ…本部は，ベルギーの首都**ブリュッセル**にある。ウ…デンマークなどは**ユーロ**を使用していない。

2 (1)赤道（緯度０度）と本初子午線（経度０度）（ほんしょしごせん）は，**ギニア湾**（わん）で交わる。
(2)モノカルチャー経済の国は，天候や世界経済の影響（えいきょう）で農産物や鉱産資源の価格が変動しやすく，収入が不安定になりがちである。
(3)ヨーロッパの人々が，ヨーロッパ系以外の人々を差別した政策が，人種隔離政策（かくり）（アパルトヘイト）であった。

［POINT］ ヨーロッパで行われている地中海式（ちちゅうかい）農業，混合農業，酪農（らくのう）は，その内容と分布をセットで覚えるようにしておくこと。

5　世界の諸地域 ③

本文 p.10

1 (1)イ
(2)X…シリコンバレー　Y…サンベルト
(3)ア
(4)(例)その土地の気候や社会的条件に適したものを栽培すること。

2 (1)イ
(2)X…アンデス山脈　Y…アマゾン川
(3)公用語…ア　農作物…エ

3 (1)アボリジニ(アボリジニー)
(2)イギリス　(3)白豪主義

解説

1 (1)プレーリーではおもに小麦が栽培される。酪農は五大湖南部，放牧はグレートプレーンズ，綿花は南部が中心である。
(2)サンベルトは，温暖な気候と広く安い土地，鉱産資源，豊富な労働力があることから，1970年代から工業が発展した。
(3)イは世界経済の中心都市であり，アメリカ合衆国で最多の人口をもつ。ウはかつて自動車工業，エはかつて鉄鋼業が盛んであった都市である。

2 (1)南アメリカ大陸で赤道は，アマゾン川の河口付近を通ることに注意する。
(2)アンデス山脈は，ロッキー山脈などと同様に，環太平洋造山帯に属する，高く険しい山脈。
(3)ブラジルのみがポルトガルに支配され，ほとんどの国々はスペインに支配されていた。

3 (2)オーストラリアは，かつて植民地支配を受けていたイギリスとの貿易が中心であったが，現在は，距離が近い中国や日本など，アジア諸国との結びつきが強い。

POINT　アメリカ合衆国の農業を表す地図は，適地適作を表すものであるので，気候などの特色を理解して暗記しておくこと。

6　地域の調査，日本の地域的特色 ①

本文 p.12

1 (1)1 km　(2)エ
(3)地図の縮尺…2万5千分の1
記号…ア

2 (1)札幌市…イ　金沢市…ア
松本市…エ　岡山市…ウ
(2)(例)川が山間部から平野や盆地に出たところに土砂が積もってできた地形。

3 イ→ウ→ア

解説

1 (1)実際の距離は，「地形図上の長さ×縮尺の分母」で求められるので，4(cm)×25000＝100000(cm)＝1000(m)＝1(km)　となる。
(2)ア…地図記号は高等学校のもの。小・中学校は文。イ…地図記号は針葉樹林のもの。広葉樹林はＱ。ウ…地図記号は田のもの。茶畑は∴。
(3)問題の地図では，主曲線が10mごと，計曲線が50mごとに引かれているので，縮尺は2万5千分の1となる。また，等高線の間隔が広いところは傾斜が緩やかで，狭いところは傾斜が急である。

2 (1)札幌市は北にあり冷帯(亜寒帯)に属するため，気温が低い。金沢市は日本海側のため，冬の北西季節風の影響を受け，冬の降水量が多くなる。松本市や岡山市はともに年降水量が少ない。しかし，松本市は内陸部にあり，冬の寒さがきびしい。岡山市は瀬戸内海沿岸のため，松本市よりも冬は温暖である。

3 人口ピラミッドは，発展途上国の多産多死を表す「富士山型」から，国が発展するにともなって少産少死の「つりがね型」，そして人口の停滞や減少となる「つぼ型」へと移行する。

POINT　日本の雨温図の読みとりは，中央高地の気候と，瀬戸内の気候の区別が重要。気温の低い方が中央高地の気候，高い方が瀬戸内の気候である。

7 日本の地域的特色 ②

本文 p.14

1 (1)A…ウ　B…イ　C…ア

(2)X …フランス

E …水力発電　F …火力発電

G …原子力発電

(3)P …京浜工業地帯

Q …阪神工業地帯

R …中京工業地帯

S …京葉工業地域

(4)(例) 温暖な気候やビニールハウスなどを利用して，ほかの地域よりも栽培，出荷を早める栽培。

2 (1)ウ　(2)産業の空洞化

解説

1 (2)現在の日本は，石炭，石油，天然ガスを利用する**火力発電**が中心であり，次いで水力

発電となっている。2011年の東日本大震災による福島県の原子力発電所の事故以来，原子力発電の割合は低い。その原子力発電の割合が世界で最も大きいのがフランスである。広大な自然が広がり，河川があるカナダは，水力発電の割合が大きい。

(3)機械の割合が最も大きいのが中京工業地帯，化学の割合が最も大きいのが京葉工業地域，金属の割合が最も大きいのが阪神工業地帯，残りが京浜工業地帯となる。

2 (1)自動車や石油・鉄鉱石などの鉱産資源は，おもに船などの**海上輸送**で輸送されている。

(2)かつての**加工貿易**から，現在は，製造業を中心に，安い労働力を求めて東南アジアなどへ企業の工場が進出，現地で生産を行い，完成した製品を輸入する貿易が行われている。

POINT　フランスやカナダの発電の特色，また，日本の水力・火力・原子力発電所の位置に注意する。

8 日本の諸地域 ①

本文 p.16

1 (1)X …阿蘇山　Y …九州山地

(2)シラス台地

(3)促成栽培

(4)ウ

2 (1)(例) 夏の南東の季節風と，冬の北西の季節風の影響が少ないため，年間を通して降水量が少ない。

(2)過疎(化)

(3)高松市

3 (1)リアス海岸　(2)イ

解説

1 (1)九州には阿蘇山や桜島など火山が多く，そのため，温泉や地熱発電所が多い。

(2)**シラス台地**は水持ちが悪く，水田には向かないため，畑作や畜産業が盛んである。

2 (1)夏の南東の季節風は，四国山地にぶつかり，ふくまれている湿気は，高知市などの太平洋側に多くの雨を降らせる。四国山地を越えていく季節風には湿気が少ないため，瀬戸内地方は少雨となる。同じことが冬の北西の季節風が中国山地にぶつかるときもおこるため，瀬戸内地方は年間を通して少雨となる。

(2)過疎化が進行し，65歳以上の人の割合が50％を超える**限界集落**も生まれている。

(3)児島―坂出ルートは，岡山県と香川県を結ぶ。

3 (1)リアス海岸では養殖などが盛んだが，津波がおしよせると，大きな被害を受ける。

(2)江戸時代に「天下の台所」と呼ばれ，商業の中心都市であったのは，**イ**の大阪市。なお**ア**の神戸市には貿易港があり，海岸部を埋め立てた**ポートアイランド**がある。

POINT　促成栽培が盛んな宮崎平野と高知平野，肉牛や豚などの畜産業や畑作が盛んなシラス台地は特に重要。

5

9 日本の諸地域 ②

1 (1)X…赤石山脈　Y…信濃川　(2)輪中

(3)(例)夏でもすずしい気候を利用して，出荷時期を遅らせる栽培方法。

(4)ア　(5)中京工業地帯　都市…イ

2 (1)X…利根川　Y…関東平野

(2)エ

(3)P…京浜工業地帯
　　Q…京葉工業地域
　　R…北関東工業地域

解説

1 (1)X…3つの山脈は，北から順に飛騨山脈，木曽山脈，赤石山脈であり，高く険しいことからヨーロッパのアルプス山脈になぞらえて，北から順に北アルプス，中央アルプス，南アルプスと呼び，まとめて**日本アルプス**と呼ぶ。

(3)夏にほかの地域の気温が上昇しても，標高の高い山間部であるため気温が低い。そのため，暑さに弱いレタスやキャベツなどの**高原野菜**を栽培する。ほかの産地からの出荷が少ない時期なので，高値で売れる。

(4)**イ**はもも，**ウ**はレタス。山梨県の甲府盆地には**扇状地**が広がっており，水はけがよいため果樹の栽培に適している。

(5)**ア**は石川県，**ウ**は静岡県，**エ**は山梨県。

2 (1)関東平野は，富士山や浅間山などの噴火による火山灰が積もってできた赤土（**関東ローム**）でおおわれている部分がある。火山灰土のため水田には向かないので，**畑作**が盛んである。

(3)Pは東京都・神奈川県・埼玉県，Qは千葉県，Rは栃木県・群馬県・茨城県に広がる。

POINT　長野県などで行われている高冷地農業は，すずしい気候を利用した抑制栽培で，他地域が栽培できない時期に栽培し，出荷する。

10 日本の諸地域 ③

1 (1)X…奥羽山脈　Y…親潮（千島海流）

(2)三陸海岸　(3)①A　②C

(4)政策の理由…(例)食生活が変化し，米の消費量が減ったから。
　廃止の理由…(例)貿易の自由化に備え，日本の稲作の競争力を高めるため。

2 (1)記号…ア　都市名…札幌市

(2)①記号…B　地域名…十勝平野
　②記号…C　地域名…根釧台地

(3)知床半島

(4)先住民族…アイヌの人たち（アイヌ民族）
　警備など…屯田兵

解説

1 (1)東北地方の太平洋側は，親潮（千島海流）

の影響を受け，夏に冷たい北東の風の**やませ**が**冷害**をもたらすことがあるが，奥羽山脈があるため，日本海側は冷害の被害が小さい。

(2)三陸海岸の南部は，入江の多い**リアス海岸**で，良港が多く，養殖も盛ん。しかし，東日本大地震で津波によって大きな被害を受けた。

(3)Bは稲作の盛んな秋田平野，Dはさくらんぼの栽培が盛んな山形盆地，Eは稲作が盛んな仙台平野，Fはももなど果樹の栽培が盛んな福島盆地。

2 (1)**イ**は室蘭市，**ウ**は函館市，**エ**は釧路市。

(2)Aは稲作の盛んな石狩平野。石狩平野はもともと泥炭地で稲作に向いていなかったが，土地改良や排水路を設置したことで，稲作が盛んになった。

POINT　東北や北海道は，やませや親潮（千島海流）の影響を受ける太平洋側と比べると，日本海側の方が稲作の盛んな地域が多い。

6

11 文明のおこりと日本のあけぼの

本文 p.22

1 (1)A…イ・エ　B…ア・カ
　　　D…ウ・オ

　(2)エ→イ→ア→ウ

　(3)ムハンマド(マホメット)

2 (1)十七条の憲法

　(2)聖徳太子(厩戸皇子)

　(3)(例)家柄に関係なく，能力のある
　　　人を役人に取り立てるため。

　(4)法隆寺　(5)大化の改新　(6)ア・エ

解説

1 (1)B…アの楔形文字は粘土板に刻まれた文
字，太陰暦は月の満ち欠けに基づく暦である。
D…ウの甲骨文字はうらないの記録に用いら
れた漢字のもととなった文字である。

(2)アは紀元前27年，イは紀元前4世紀，ウは1

世紀，エは紀元前8世紀ごろのできごとである。

(3)世界の三大宗教には，他にシャカが開いた**仏
教**，イエスが開いた**キリスト教**がある。

2 (2)推古天皇の摂政として，蘇我馬子と協力
して政治改革を行った。

(4)法隆寺は奈良県斑鳩町にあり，現存する世界
最古の木造建築であり，世界文化遺産に登録
されている。

(5)**大化の改新**は，隋や唐で進んだ政治制度を学
んだ留学生らの協力により，**公地・公民**の原
則を示し，地方の政治単位や税制の整備を行
い，班田収授の実行をめざした。

(6)イの大海人皇子は天智天皇の死後に壬申の乱
で勝利し，天皇の位についた天武天皇，ウの
小野妹子は聖徳太子が遣隋使として隋に派遣
した人物である。

[POINT]　聖徳太子による十七条の憲法，冠位
十二階はともに，役人に対するもので，天皇中
心の政治制度を整えることが目的であった。

12 古代国家の歩み

本文 p.24

1 (1)①聖武天皇

　　　②(例)仏教の力で国を守ろうとし
　　　　た。

　　　③墾田永年私財法

　(2)①万葉集　②防人

2 (1)藤原道長　(2)エ　(3)寝殿造

　(4)①源氏物語　②仮名文字

解説

1 (1)①聖武天皇は大仏をつくる命令の前に，
国ごとに国分寺・国分尼寺を建てることを命
じている。

③貴族や寺院は農民を使って，開墾に力を入
れた。彼らの私有地は，のちに荘園と呼ばれ
るようになった。

(2)①『万葉集』には，天皇や貴族の歌ばかりで

はなく，防人や農民がよんだ歌も広くおさめ
られている。

②防人の任期は3年であった。

2 (1)11世紀の初めごろに摂政の地位についた
人物で，子の藤原頼通とともに約60年間の
藤原氏の最盛期を築いた。

(2)問題文中の「幼い天皇を補佐する」という語
句に注目する。**エ**の摂政は，天皇が女性や幼
いときに天皇を補佐する役職である。なお，
アの太政大臣は律令制の官位で最高のもの，
イの関白は天皇が成人の場合に天皇の補佐を
行う役職，**ウ**の国司は国ごとに置かれた役職
で，都から貴族が派遣された。

(4)②仮名文字のうち，漢字の一部を利用してつ
くられた文字が片仮名，漢字をくずしてつく
られた文字が平仮名である。

[POINT]　藤原氏は中臣鎌足の子孫で，天皇家
と血縁関係を結ぶことで，朝廷の重要な役職を
独占した。

13 武家政治の始まり

1 (1)院政　(2)ウ　(3)奉公　(4)イ
　(5)六波羅探題
　(6)御成敗式目(貞永式目)
2 (1)イ　(2)北条時宗
　(3)(例)恩賞が十分ではなかったため。
　(4)(永仁の)徳政令

本文 p.26

解説

1 (1) 1086 年に白河上皇が始めた。
(2)征夷大将軍の位に任じられたのは源 頼朝で，平 清盛は 1167 年に武士として初めて太政大臣に任じられている。
(3)御家人の**奉公**に対し，将軍が恩賞として新たに土地を与えることなどを**御恩**という。
(4)年表中に「全国の荘園や公領に」と書かれていることに注目する。**ア**の国司は律令制のもとで国を治めるために置かれた役職で，都から貴族が派遣された。**ウ**の侍所は鎌倉幕府に置かれた御家人を統率する機関，**エ**の守護は源頼朝が地頭と同時期に国ごとに置いた役職である。
(6) 1232 年に，3 代執権北条泰時によって定められた。
2 この資料は肥後国の御家人であった竹崎季長が元寇のときの自らの戦いぶりをえがかせた「蒙古襲来絵詞」の一部である。
(2)元の皇帝は**フビライ=ハン**であった。
(3)元寇は防衛のための戦いであり，この戦いによって鎌倉幕府は新たな土地を獲得したわけではなかったので，御家人に恩賞を与えることができなかった。
(4)一時的な効果しかなく，また，次に新たに借金をすることが困難になった。

POINT 承久の乱では御家人に対し十分に恩賞が与えられたが，元寇では恩賞が不十分であったため，御家人に不満が残った。

14 中世社会の展開

1 (1)(例)倭寇の船と正式な貿易船との区別をするため。
　(2)①座　②イ　(3)足利義政　(4)下剋上
　(5)一向一揆　(6)分国法
2 (1)ウ　(2)能(能楽)　(3)雪舟

本文 p.28

解説

1 (1)**倭寇**は海賊行為を行っていた西日本の武士や漁民などで，中国や朝鮮半島沿岸を荒らした。
(2)②**ア**の馬借は陸上の運送業者，**ウ**の問(問丸)は水上輸送と倉庫業を営む業者，**エ**の町衆は室町時代に京都で自治を行った富裕な商工業者である。
(3)**足利義政**のあとつぎ争いをめぐって守護大名の細川氏と山名氏が対立し，その勢力争いに多くの守護大名が巻きこまれた。10 年以上におよぶ戦乱は京都を焼け野原にし，幕府の力は衰えた。
(4)下剋上で戦国大名になった者もいた。
(5) 1488 年におこった加賀(石川県)の一向一揆では，守護大名をたおしたあと，約 100 年間自治を行った。
(6)喧嘩両成敗などのきびしい統制内容が盛りこまれていた。
2 (1)**足利義満**が京都の北山に建てた**金閣**は三層で金箔がほどこしてあり，足利義政が京都の東山に建てた**銀閣**は二層で簡素なつくりである。
(2)**能(能楽)**は，猿楽や田楽を芸術の域にまで高めた舞台芸能。
(3)**雪舟**は中国の明に渡って，水墨画を学び，帰国後は日本の水墨画を大成した。

POINT 応仁の乱のあと，下剋上の風潮が広がり，国一揆や一向一揆がおこり，戦国大名などの新たな勢力が登場した。

15

ヨーロッパ人の来航と全国統一

本文 p.30

1 (1)ローマ教皇(ローマ法王)

(2)エ　(3)ウ・エ

(4)南蛮貿易　(5)イエズス会

(6)長篠の戦い

2 (1)①刀狩令

②(例)一揆を防止するため。(一揆を防止し,年貢を確実に取り立てるため。)

(2)太閤検地

(3)エ

解説

1 (1)Xはキリスト教の聖地エルサレム。

(2)Bの航路は**バスコ=ダ=ガマ**,Cの航路は**マゼラン**船隊が開拓した。**イ**の**マルコ=ポーロ**は13世紀に元を訪れてフビライ=ハンに仕え,

帰国後,『世界の記述(東方見聞録)』を著したイタリア商人である。

(3)～(5)新航路の開拓を援助したスペイン・ポルトガルはいずれもカトリック教徒が多い国であり,宗教改革によって劣勢に立たされたカトリック教会はアジアやアメリカ大陸で信者の拡大に努めた。

(6)**織田信長**は大量の鉄砲を有効活用するとともに,武田氏の騎馬隊に対抗する策として,柵や堀を設置した。

2 (1)①**刀狩令**は1588年に方広寺に大仏・大仏殿をつくるためという名目で出された。

(2)土地の調査を行い,石高を表すにあたって,ものさしとますの統一を行った。

(3)文永の役・弘安の役は鎌倉時代の二度にわたる元の襲来の名称である。

POINT 豊臣秀吉は,太閤検地と刀狩を行うことによって,武士と農民の身分の区別を明確にし,兵農分離を進めた。

16

江戸幕府の成立

本文 p.32

1 (1)徳川家康　(2)武家諸法度　(3)ア

(4)イ・エ　(5)株仲間　(6)イ

(7)(例)一揆の中心人物がだれなのかわからないようにするため。

2 (1)エ　(2)錦絵　(3)杉田玄白

解説

1 (2)**武家諸法度**に違反した大名は,きびしく処罰された。また,1635年に3代将軍徳川家光が,江戸と領地を1年おきに往復することを定めた**参勤交代**の制度を新たに加えている。

(3)海外の渡航を許可した朱印状を得た船が東南アジアなどに出向いた貿易を**朱印船貿易**という。当時,東南アジアには多くの日本町がつくられた。なお,**イ**の南蛮貿易はスペイン人・ポルトガル人の貿易船が日本に来航して

行った貿易,**ウ**の勘合貿易は室町時代前半に足利義満が朝貢形式で中国の明と行った貿易,**エ**の日宋貿易は平安時代末期に平清盛が中国の宋と行った貿易である。

(5)室町時代の同業者組合である座と混同しないように注意する。

(6)老中であった**松平定信**が行ったのは,**寛政の改革**である。

2 (1)**元禄文化**では,**ア**の浮世草子は**井原西鶴**,**イ**は俳諧(俳句)は**松尾芭蕉**が代表的な担い手である。**ウ**の**国学**は日本の古典を研究し,日本古来の思想を明らかにしようとする学問で,18世紀に**本居宣長**が大成した。

(3)『解体新書』はヨーロッパの解剖学の本である『ターヘル・アナトミア』を翻訳,出版したものである。

POINT 享保の改革・寛政の改革・天保の改革はいずれも質素・倹約を基本とし,田沼意次の政策は商人の経済力を活用していた。

17 欧米の近代化と日本の開国

本文 p.34

1 (1)産業革命　(2)イ　(3)南京条約
2 (1)ペリー　(2)ア・エ
　(3)①(例)領事裁判権(治外法権)を認めること。　②ウ
　(4)イ　(5)大政奉還　(6)戊辰戦争

解説

1 (1)当時，イギリスは「世界の工場」と呼ばれた。
(2)Yの中国(清)に対し，貿易赤字となっていたイギリスは，インドでアヘンという麻薬を製造させて中国に売りこむようになった。
(3) 1840年におこった**アヘン戦争**の敗北によって，中国はイギリスに対し上海など5港を開港した南京条約を結んだ。その後，イギリスに領事裁判権を認め，中国に関税自主権のない不平等条約を結んだ。

2 (1)ペリーはアメリカ大統領の国書をたずさえ幕府に開国を迫った。
(2)**ア**は函館，**エ**は下田で，下田には領事が置かれた。
(3)①罪を犯した外国人は日本の法律では裁かれず，その国の法律で領事が裁判を行った。
②日本のおもな輸出品としては，ほかに茶があった。
(4)**坂本龍馬**は土佐藩出身で，薩摩藩の**西郷隆盛**や**大久保利通**と長州藩の**木戸孝允**が**薩長同盟**を結ぶ仲立ちを行った。
(6)旧幕府軍と新政府軍の戦いは，京都の鳥羽・伏見で始まり，西郷隆盛と幕府の役人である勝海舟の話し合いによる江戸城明け渡しを経て，函館の五稜郭での旧幕府軍の降伏によって終わりを告げた。

POINT　アヘン戦争後の条約と日米修好通商条約は，いずれも領事裁判権(治外法権)を認め，関税自主権がない不平等条約であった。

18 近代日本の歩み

本文 p.36

1 (1)自由民権運動　(2)西南戦争
　(3)板垣退助
　(4)(例)君主権が強いから。
　(5)① Ⅰ…15　Ⅱ…25　②貴族院
2 (1)岩倉使節団　(2)ア
　(3)ア　(4)エ

解説

1 (1)薩摩藩や長州藩など一部の藩の出身者が政治権力を独占する**藩閥政治**を批判した。
(2)不平士族の反乱は各地でおこっていたが，西南戦争の敗北によって，終息した。以後，藩閥政府への批判は**自由民権運動**が中心となる。
(3)板垣退助は，1873年に**征韓論**を反対され，西郷隆盛らとともに政府を去り，自由民権運動をおこした。自由党が結成された翌年には，大隈重信が立憲改進党を結成している。

(4)**大日本帝国憲法**は主権者である天皇が大きな権限を有していた。
(5)①人口に占める有権者の割合は，約1%であった。

2 (2)甲午農民戦争は朝鮮半島南部でおきた，外国を排斥し，政治改革を求める民衆運動で，この内乱を鎮圧するために朝鮮が清に援軍を求めたことに対抗して，日本も出兵したことが日清戦争のきっかけとなった。
(3)**下関条約**で獲得した**ア**の**遼東半島**を清に返還するようロシア・ドイツ・フランスが日本に要求し，日本は返還した。
(4)**日露戦争**は**日清戦争**より大きな犠牲を払ったが，ロシアから賠償金が取れなかったために，国民の不満は高まり，**日比谷焼き打ち事件**がおきた。

POINT　大日本帝国憲法の発布と帝国議会の開設によって，日本はアジア初の近代的な立憲国家となった。

19 第一次世界大戦と世界の動き

本文 p.38

1 (1)(例)ロシア革命の影響の拡大を抑えるため。
(2)国際連盟　(3)エ

2 (1)①米騒動　②原敬　(2)全国水平社
(3)治安維持法
(4)①ウ　②五・一五事件
(5)国家総動員法

解説

1 (1)連合国は，ロシア革命の影響で，自国にも社会主義が広がり，労働運動や植民地の独立運動が活発化することを警戒した。
(2)**国際連盟**を提案したのはアメリカのウィルソン大統領だったが，アメリカは議会の反対で国際連盟に加盟しなかった。
(3)選択肢の中で，東アジアに位置するのは中国と朝鮮。独立運動がおきた植民地はインドと朝鮮である。**ア**のインドではガンディー指導のもとに非暴力・不服従の抵抗運動，**イ**の中国では二十一か条の要求の内容に反対する**五・四運動**がおこった。

2 (1)①富山県の漁村の主婦たちによる米の安売りを求める騒動が全国に拡大した。
(3)**普通選挙法**によって，選挙権は満25歳以上のすべての男子に与えられた。
(4)①**柳条湖事件**とは，関東軍が南満州鉄道の線路を爆破した事件である。
②**五・一五事件**は海軍青年将校らが犬養毅首相を暗殺した事件，**二・二六事件**は1936年に陸軍将校が部隊を率いて反乱をおこした事件である。
(5)**日中戦争**の継続のために制定された。

POINT　満州事変は柳条湖事件，日中戦争は盧溝橋事件がきっかけとなっておこり，日中戦争はポツダム宣言受諾まで続いた。

20 第二次世界大戦と戦後の世界

本文 p.40

1 (1)ウ　(2)(例)アンネがユダヤ人だったから。　(3)ポツダム宣言
(4)ウ→ア→エ→イ

2 (1)GHQ　(2)農地改革
(3)冷たい戦争(冷戦)　(4)朝鮮戦争
(5)①ア　②日米安全保障条約

解説

1 (1)ドイツとソ連は，**独ソ不可侵条約**を結び，ドイツはポーランドに侵攻を開始した。
(2)ドイツはユダヤ人を敵視し，各地の収容所でユダヤ人に強制労働をさせたり，殺したりした。
(3)降伏したドイツの首都ベルリン近くのポツダムにアメリカ・イギリス・ソ連の首脳が集まり，無条件降伏を勧告する宣言を発表した。当時，ソ連は**日ソ中立条約**を結んでいたので，発表はアメリカ・イギリス・中国の共同声明として発表された。
(4)東京大空襲(3月前半)→沖縄戦(3月後半～6月)→広島原爆投下(8月6日)→長崎原爆投下(8月9日)。

2 (2)地主の土地を政府が買い上げ，小作人に安くゆずった。
(3)アメリカを中心とする資本主義諸国を西側陣営，ソ連を中心とする共産主義諸国を東側陣営という。
(4)アメリカを中心とする国連軍は，**朝鮮戦争**のときに軍需物資の多くを日本で調達していたため，日本経済は好景気となった。
(5)①ソ連とは1956年，**日ソ共同宣言**によって国交回復したが，北方領土問題が解決しておらず，ロシアとなった今も平和条約は結ばれていない。

POINT　日ソ共同宣言に調印したことで，日本は国際連合への加盟が実現し，国際社会に復帰することができた。

中学1・2年の総復習テスト ①

本文 p.42〜43

1 (1)A

(2)ユーラシア大陸

(3)イ

(4)遊牧

(5)記号…P　理由…(例)一年を通して気温が高いため、赤道に近い都市だと考えられるから。

2 (1)愛知県(または三重県、または滋賀県)

(2)資料Ⅰ…イ　資料Ⅱ…オ

3 (1)①執権　②エ

(2)唐

(3)(例)法律の範囲内でのみ認められていた。

(4)(例)大名に軍事力をもたせないように大船の建造を禁止していたが、ペリーの来航後は、国防のために、大名の軍事力の強化が必要であったから。

(5)B→A→D→C

解　説

1 (1)図は、中心からの距離と方位が正しい図法(正距方位図法)でえがかれているので、東京と目的地を結んだ直線が最短距離となる。近いものから順にB→C→A→Dとなる。

(2)六大陸のうち、三大洋に面するのは、ユーラシア大陸と南極大陸のみ。ユーラシア大陸は、六大陸の中で最大の面積である。

(3)東京と都市Xとは、経度差が135＋120から255度あるため、時差は255÷15から17時間となる。東京は、**日付変更線**のすぐ西にあるため、都市Xの方が、東京よりも時刻が17時間遅くなる。そのため東京が午前5時のとき、都市Xは前日の正午となる。

(4)西アジアや、内陸部のモンゴルなどの乾燥地帯で遊牧が見られる。なお、遊牧と似たものに、アルプス山脈などで行われる移牧がある。

(5)グラフから、一年中気温が高いことがわかるので、年中高温の赤道付近と判断する。正距方位図法では、赤道が曲線でえがかれ、周辺部の大陸の形が大きく変形するので、注意。なお、都市Qは南アフリカ共和国のケープタウンで地中海性気候である。

2 (1)各県の県庁所在地名は、愛知県：名古屋市、三重県：津市、滋賀県：大津市である。

(2)資料Ⅰは、冬の降水量が多いことから、日本海側の気候に属する**イ**、資料Ⅱは、年間を通して気温が高いことから南西諸島の気候に属する**オ**となる。なお、**ア**は北海道の都市であるので、冬の寒さがきびしい北海道の気候に属する。**ウ**は一年を通して降水量が少なく比較的温暖な瀬戸内の気候に属する。**エ**は夏の降水量が多い太平洋側の気候に属する。

3 (1)①**執権**は、鎌倉時代に将軍を補佐するために置かれた役職である。

②鎌倉幕府は、国ごとに**守護**を置き、軍事や犯罪の取りしまりを行わせ、荘園や公領ごとに**地頭**を置き、年貢の取り立てを行わせた。なお、**ア**の**管領**は、室町時代に将軍を補佐するために置かれた役職、**イ**の**国司**は、おもに奈良時代から平安時代に、国ごとに中央から派遣された役人、**ウ**の**防人**は律令制度の下で、九州北部の防衛にあたった兵士である。

(2)大宝律令は、701年に、当時の中国の王朝であった唐の律令を手本にして作成された。

(3)法律の範囲内で認められたため、法律しだいでは、臣民(国民)の権利はいくらでも制限することができた。

(4)資料Ⅰ…東廻り航路や西廻り航路のための船など、商船は建造できた。資料Ⅱ…1853年のペリーの浦賀来航時の、人々の混乱ぶりを示す狂歌である。資料Ⅲ…外国勢力に対抗するためのものである。

(5)B(701年)→A(1232年)→D(江戸時代)→C(1889年)。

> **POINT** 六大陸と三大洋、アジア州などの州区分や、気候名と雨温図の特色を理解しておくことが重要。

中学 1・2年の総復習テスト ②

本文 p.44〜45

1 (1) a…イスラム　b…豚　(2)イ　(3)ア

2 (1)A…やませ　B…リアス海岸
(2)(例)輸送に便利な，高速道路や空港の近くに工場が分布する。

3 (1)Ⅰ群…ウ　Ⅱ群…カ　(2)書院造
(3)ウ→イ→エ
(4)(例)それまでは選挙権は満25歳以上の男子のみに与えられていたが，1946年には，選挙権が満20歳以上の男女に与えられるようになったため。
(5)A…ウ　B…イ　C…ア　D…エ

解説

1 (1)地図中のAのサウジアラビアなど西アジアの国々では，おもにイスラム教が信仰されている。聖地メッカへ向かっての，1日5回の礼拝や断食などの行事も行う。教典はコーラン，開祖は**ムハンマド**（マホメット）。
(2) ASEANは，2021年現在10か国が加盟している。
(3)米の生産量・輸入量の上位国は，ほとんどがアジアの国々である。

2 (1)A…**やませ**は，夏に吹く北東の風が，寒流の千島海流（親潮）の影響を受けて冷やされ，東北地方の太平洋岸に，低温をもたらす。そのため，夏の稲の生長時期に被害がおき，冷害となることがある。
B…**リアス海岸**は，海面の上昇，または陸地部分の沈下により，谷の部分に海水が入りこんで形成された，のこぎりの歯のような形状の海岸である。入り江となっているため波が静かであり，漁港が多くあり，養殖が行われている所も多い。しかし，湾の奥に行くほどせまくなっているため，津波の発生時には多大な被害をもたらす。
(2)東北地方の高速道路沿いにはIC関連の工場が多いことから，シリコンロードと呼ばれる。

なお，九州もIC関連の工場が多いことからシリコンアイランドと呼ばれる。ICは，小型・軽量・高価なため，高速道路や航空輸送の費用を払っても採算がとれるので，土地やきれいな水，空気を求めて地方に工場が多く建設されている。

3 (1)**行基**は奈良時代の僧で，東大寺の大仏造立に協力した。**最澄**は平安時代初めのころの僧で，**ク**のことを行った。鑑真は奈良時代に唐から来た僧で，正しい仏教の教えを伝えた。なお，**キ**は鎌倉時代に日蓮宗（法華宗）を開いた日蓮，**ケ**は鎌倉時代に，宋から帰国して臨済宗を伝えた栄西や，同じころに宋から帰国して曹洞宗を伝えた道元についてである。
(2)室町幕府8代将軍**足利義政**のころに栄えた文化を**東山文化**といい，義政が別荘として建てた**銀閣**は，死後に寺院（慈照寺）となった。**書院造**には，たたみのほか，明かり障子・違い棚なども見られる。
(3)**ウ**（1624年）→**イ**（1641年）→**エ**（1825年）の順となる。鎖国を実施する過程においては，1635年の日本人の海外渡航および帰国の禁止，1637年の**島原・天草一揆**，1639年のポルトガル船の来航禁止なども重要である。なお，**ア**は室町時代の1404年，**オ**は明治時代の1874年のできごとである。
(4)有権者の拡大は以下のようになる。

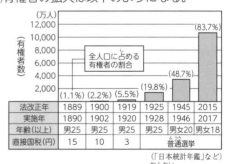

法改正年	1889	1900	1919	1925	1945	2015
実施年	1890	1902	1920	1928	1946	2017
年齢(以上)	男25	男25	男25	男25	男女20	男女18
直接国税(円)	15	10	3	普通選挙		

（「日本統計年鑑」など）

なお，2015年には，選挙権年齢が18歳に引き下げられた。
(5)Aは奈良県，Bは京都府，Cは栃木県，Dは広島県にそれぞれある。

> POINT　鎖国への過程や，選挙権の移り変わりなど，順序が重要なものが歴史には多いので，内容と順序を確認することが大切である。

中学1・2年の総復習テスト ③

本文 p.46〜48

1 (1)A…ウ　B…イ　C…エ　D…ア

(2)混合農業

(3)▲…エ　■…ウ

(4)①ヒスパニック　②ウ　③イ

2 (1)(例)年間を通して降水量が少ないので，農業用水の不足を補うため。

(2)A

(3)①ウ　②ア　③エ

(4)(例)東京都は，大学数や事業所数が多いが，住宅地の平均価格が高いので東京都の周辺の県に住み，昼間は東京都へ通学や通勤し，夜間は自分の住む県へ帰宅する人が多いから。(78字)

3 (1)A…エ　D…イ

(2)(例)娘を天皇のきさきとし，その子を天皇にして自分は摂政や関白についたから。

(3)ア　(4)B

4 (1)A　(2)高く　(3)ウ

解説

1 (1)Aはラパス，Bはキャンベラ，Cはシンガポール，Dはカイロ。AとBは南半球に位置し，Aはアンデス山脈の高山気候の都市，Bはオーストラリア大陸の東岸で，温暖湿潤気候に属している。Cは赤道付近の都市であることから一年中気温が高く降水量が多い熱帯雨林気候，Dは一年を通して降水量がほとんどない砂漠気候に属している。

(2)ドイツなどの西岸海洋性気候の地域では，家畜と小麦などの穀物栽培を組み合わせた**混合農業**が見られる。

(3)東部のグレートディバイディング山脈付近で石炭，北西部の地域で鉄鉱石，北部の半島部で，アルミニウムの原料であるボーキサイトが産出される。大規模な**露天掘り**が行われているところもある。

(4)①メキシコや中央アメリカ，西インド諸島などのスペイン語を話す国々からの移民をヒスパニックという。メキシコと国境を接するアメリカ合衆国の南部の州に多く住んでいる。

②中央部の**プレーリー**付近が産地であることから，小麦と判断する。北部は春に種をまく春小麦地域，南部は秋に種をまく冬小麦地域である。

③NAFTA(北米自由貿易協定)にかわって結ばれたUSMCAが正解である。**ア**は東南アジア諸国連合，**ウ**はヨーロッパ連合，**エ**はアジア太平洋経済協力会議の略称である。

2 (1)現在では，吉野川から水を引く香川用水が整備されている。

(2)北海道は，農業産出額が全国で最も多く(2018年)，石狩平野で稲作が盛んであるほか，十勝平野を中心に畑作が盛んで，じゃがいも，たまねぎ，大豆，だいこん，にんじんなどの生産量は全国で最も多い(2018年)。根釧台地を中心に酪農が行われ，乳牛・肉牛の飼育頭数は全国で最も多い(2019年)。

(3)②**扇状地**は，川が山間部から平地に出たところに土砂が積もってつくられた地形。**三角州**は，川が海や湖などに流れ出たところに，土砂が積もってつくられた地形。**台地**は，周囲よりも高く，平らな地形。**カルデラ**は，火山が噴火した際にできた大きなくぼ地。

③扇状地は，水はけが良いため水田には向かず，水はけが良いことをいかして，果樹園(ᨒ)となっている所が多い。甲府盆地は，ぶどう栽培などが盛んな地域として有名である。なお，広葉樹林は(Q)，水準点は(・)，高等学校は(⊗)で表す。また，小中学校は(文)で表す。

(4)東京都は昼間人口が夜間人口よりも多い。周辺の県の人々は，自宅は住宅地の価格が東京より安い周辺の県にあり，昼間は東京都内にある大学や会社へ通学，通勤し，夜間は自宅のある県へ戻るため，夜間人口の方が多くなる。名古屋市のある愛知県，大阪市のある大阪府などでも，昼間人口が夜間人口よりも多くなっている。

3 (1)Aは，「仏教と唐の文化の影響を受けた文化」から奈良時代の天平文化と判断し，聖武天皇を選ぶ。Dは「廃藩置県」から明治時代の初めごろであるので，明治時代初期の政治家の木戸孝允を選ぶ。アの足利義政は室町幕府の第8代将軍であり，このころに応仁の乱がおこった。ウの北条時宗は鎌倉幕府の第8代執権であり，このとき元寇がおこった。

(2)娘を天皇のきさきとし，生まれてきた子どもが天皇になると，天皇が幼いときは摂政，成人ののちは関白となり政治の実権を握った。

(3)Cは「守護大名の誕生」から室町時代であると判断し，「禅宗の影響を受けた文化」から，室町時代の，足利義政が将軍のときに栄えた東山文化のころと判断し，アを選ぶ。なお，イは江戸時代，ウは明治時代，エは律令政治のころの社会のようすについて述べたものである。

(4)A（奈良時代）→C（室町時代）→B（江戸時代）→D（明治時代）の順となる。

4 (1)二十一か条の要求は，第一次世界大戦が始まった翌年の1915年に，欧米列強の関心が戦争へ集中しているのを見た日本が，中国に要求したことがらである。ドイツが中国にもつ山東省の権益を，日本がゆずり受けることなどを強引に中国に認めさせた。

(2)世界恐慌に対する各国の対応は，アメリカは農業や工業の生産調整や公共事業の増加を行った**ニューディール（新規まき直し）**，ドイツ，イタリアは全体主義の**ファシズム**，日本は軍国主義により，満州などへの侵略を開始，そしてイギリスやフランスは**ブロック経済**を行った。なお，社会主義国であったソ連は，世界恐慌の影響を受けず，生産をのばし，世界有数の工業国になった。

(3)アは1964年に初めて開催され，同じ年に東海道新幹線が開業した。2021年には2度目の大会が開催された。イは1967年のできごと。ウは戦後の民主化政策の1つで1945年から始まった。エは1973年で，高度経済成長が終わるきっかけとなった。

POINT　第一次世界大戦から第二次世界大戦，そして戦後の民主化の道筋などは，内容と順序を正確に理解しておくことが必要。